시대의 끝에서

시대의

성서와 역사 이야기

끝에서

박경미 지음

한티재

어릴 적 창세기의 창조 이야기에 어린아이다운 의문을 품었던 기억이 새롭다. 한글을 깨치기 전 어른들이 방바닥에 신문을 펼쳐 놓고 읽는 것을 옆에서 보면서 나도 '읽는 것'을 해 보고 싶다는 강렬한 욕구를 느낀 이래, 성서는 내 문자 생활의 가장 이른 시기에 자리잡은 책이다. 주일학교에서는 성서 구절을 암송했고, 집에서 가정예배를 드릴 때에는 복음서를 소리내어 읽었다. 구약성서의 예언서나 욥기, 시편의 소박하면서도 시적 은유가 풍부한 언어들은 문득문득 그 표현들이 혀끝에서 맴돌곤 했다. 자라면서 문학의 세계에 눈뜨고 그쪽에 빠진 시절도 있지만, 결국 성서를 공부하는 것을 업으로 삼게 되었으니, 싫으나 좋으나 평생 성서를 끼고 살아온 셈이다. 생각해 보면 개념적이고 분석적인 언어보다는 언제나 구체적이고 경험적인 언어에 마음이 끌렸고,

수학이나 철학보다는 역사와 문학에 끌렸던 것도 성서의 언어와 닮은 쪽에 은연중 끌렸던 탓이 아니었나 싶다.

대학에 자리를 잡고 성서, 특히 신약성서를 가르칠 때는 내가 아는 사실들과 정보들이 퍼즐조각처럼 맞추어져서 지식 자체가 설득력의 구조를 갖춘 하나의 '이야기', '서사'가 되지 않으면 정말 아는 것 같지 않아서 개운치 않았다. 성서 연구 분야에서도 끊임없이 새로운 방법론이 발전되어 왔고, 오늘날 비판적 성서연구 분야는 새로운 사실의 발견이나 해석학적 통찰보다 특정한 방법론을 일관되고 엄밀하게 적용하는 것이 중요해졌다. 어떤 결론을 얻었느냐보다는 과정의 엄밀성이 더 무겁게 평가된다. 그러나 본문의 세계는 다층적인 데 비해 방법론은 언제나 그중 한 세계에 초점을 맞추어 수립되게 마련이다.

오래전 문학비평가 머레이 크리거는 비평가가 마주한 세 가지 본문의 세계를 구분했다.* 그 세 가지 세계란 '본문 배후의 세계'behind the text, '본문 안의 세계'in the text, '본문 앞의 세계'in front of the text이다.

본문은 **본문 배후의 세계**의 산물이다. 본문 배후에는 본문을 탄생시킨 삶의 세계가 있다. 역사적 예수도, 초대교회도 본문 배후의 세계에 속한다. 이것은 현재 상태의 본문을 읽는 행위를 통해 저절로 알 수 없고, 본문을 사료로 삼아 다른 사료들과 함께 비교, 평가하여 재구성해야 알 수 있다. 이 역사적 재구성은 학자들에 따라 다를 수 있다. 이처럼 본문을 통해 그 배후의 세계를 재구성하는 것을 해석의 일차적 과제로 삼는 방법이 역사비판이다. 성서학에서는 이 방법이 과거나 현재나 주류적 위치를 차지하고 있다. 특히 기독교에서는 역사 안에서의 계시를 중시하기 때문에 역사화된 계시의 사실성을 밝히는 것이 성서연구의 중요한 과제가 되었다. 가령 복음서들의 경우 역사적 예수야말로 본문 배후의 세계에 속하는 가장 강력한 존재이다. 역사적 예수의 삶과

---

* M. Krieger, *A Window to Criticism: Shakespeare's Sonnets and Modern Poetics* (Princeton, N.J.: Princeton University Press, 1964), 3~70.

가르침을 재구성하기 위해서는 본문 배후의 세계로 들어가서 역사적 재구성을 할 수밖에 없다.

그런가 하면 우리에게 가장 확실하게 주어져 있는 것은 현재 상태의 본문 서사이다. 그것은 본문의 서사 자체에 의해 생겨난 서사의 세계, 즉 **본문 안의 세계**이다. 과거의 누군가가 하나의 서사로 만들어 놓은 현재 상태의 본문은 그 자체로서 무언가를 말하고 있다. 그러므로 현재의 본문 형태 자체가 무엇을 말하려고 하는지 섬세하게 음미할 필요가 있다. 등장인물들과 시간적인 틀, 지리적 배경, 거기 나타난 문화적·종교적 가치 등이 이 서사의 세계를 구성하는 요소들이라고 할 수 있다. 이 서사의 세계가 문학비판적 방법이 관심을 갖는 세계이다. 이 방법에서는 본문의 과거를 묻지 않는다. 현재 상태의 본문을 놓고 단락을 구분하고 수사법, 플롯, 등장인물이나 문학적 전개과정 등을 분석한다.

마지막으로 본문을 읽는 나의 세계, 즉 **본문 앞의 세계**가 있다. 해석자 자신은 본문이 반성하거나 질문하지 않은 본문 앞의 세계에 속한다. 본문을 읽는 독자는 그 시대와 개인의 절박한 문제들을 안고 본문을 향해 말을 건다. 묻지 않으면 본문은 말을 하지 않는다. 이런 의미에서 본문 앞의 세계야말로 모든 독서행위와 해석행위의 출발점이라고 할 수 있다. 민중신학적, 탈식민주의적, 여성해방적 성서해석 등은 바로 이 본문 앞의 세계에서 제기되는 특정한 문제들을 가지고 성서에 질문을 던지는 방법들이라고 할 수 있다.

그러나 실제로 성서 해석을 할 때에는 이 세 가지 세계에 모두 관여하게 된다. 이 세 가지 세계들 사이의 상호작용은 모든 반성적인 독서행위에서 필연적으로 일어난다. 본문이 독자에게 제기하는 해석학적인 물음들은 이 세계들 사이의 충돌로부터 생긴다. 해석자는 이 세계들, 즉 **본문 배후의 세계**, **본문 안의 세계**, **본문 앞의 세계** 사이에 다리를 놓아 그것들이 수렴하는 지평을 발견해야 한다. 물론 이 세 가지 세계들 사이에는 긴장과 갈등도 존재하므로 종종 잘 맞지 않을 수도 있지만, 해석은 이들 사이의 수렴과 일치를 지향해야 한다.

음식을 만들다 보면 재료가 조리법을 결정할 때가 많다. 어떤 방법으로 요리하느냐 하는 것은 재료에 따라, 그때그때 요리하는 사람의 기호에 따라 결정할 뿐 절대적인 것이 아니다. 하지만 훌륭한 요리사는 좋은 재료를 고를 줄 알고, 그 재료에 가장 알맞은 조리법을 안다. 마찬가지로 본문을 읽다 보면 어떻게 읽을 것인지가 떠오른다. 본문 자체가 길을 열어준다. 본문이 중심적 개념이나 아이디어를 선물처럼 떠오르게 해 주고, 그것을 끌고 나갈 중심적인 방법은 자연스럽게 거기에 따라붙는다. 대개는 한 가지 주요 방법이 있으면 부차적으로 다른 방법도 쓰게 된다. 그래서 마치 예언자 에스겔이 마른 뼈들의 골짜기에서 마른 뼈들에 살이 붙고 피가 흐르고 마지막에는 하느님의 숨결을 받아 그것들이 살아 있는 생명체가 되는 것을 보았듯이, 죽은 문자가 살아나게 하는 것이 해석자가 할 일이라고 늘 생각해 왔다.(겔 37장)

결정적인 것은 본문 자체의 고유한 특성과 나의 물음이다. 이 책에 실린 글들은 처음부터 어떤 체계를 가지고 쓴 글들이 아니라 그때그때의 필요와 절박함에서 쓴 글들이다. 성서 본문을 탄생시킨 삶의 세계와 내가 속한 이 시대의 삶의 세계가 그때그때 조응하는 방식들을 따라갔다. 그 글들을 나중에 성서 순서대로, 그러니까 구약과 성서 전반에 대한 글에서부터 복음서, 바울, 요한묵시록 순으로 실었다. 모아 놓고 보니 그 글들을 관통하는 하나의 흐름은 '끝'에 대한 의식이라고 할 수 있다. 성서에서 종말론적이라고 부르는 어떤 의식의 흐름이 글 전체를 관통하고 있다. 말하자면 '끝'에 대한 성서의 생각과 나의 경험이 만났다고 할 수 있겠다.

현대 세계는 본질적으로 인간만이 우주의 중심이라고 전

9
나와 성서

제하고 다른 어떤 중심을 상정하지 않지만, 역설적으로 그
안에서 우리는 중심으로부터 밀려났다고 느낀다. 기계적으
로 돌아가는 세계 속에서 우리는 자신이 중요하지 않은 존
재임을 일깨워주는 사실들과 반복해서 마주한다. 반면 종교
적 인식을 가진 사람들은 우주의 중심은 인간이 아니라, 인
간까지도 포괄하는 보다 근원적이고 보편적인 그 무엇이라
고 본다. 이들은 자신의 존재를 그러한 중심적 존재와의 관
계 속에서 보고, 자기 존재의 의미와 중요성도 그 관계 속에
서 보기 때문에 자신이 왜소하다고 느끼지도 않고, 열등감
이나 우월감에 빠지지도 않는다.

　그리고 그 중심적 존재와의 관계를 형성하는 데는 흔히
자연과의 경험이 큰 영향을 끼친다. 내 경우 어린 시절 식구
들과 함께 평상에 앉아 여름 하늘을 우러러보았을 때 그 많
던 별들, 언젠가 풀밭에 앉아 풀대를 엮어 조리를 만들 때
땀에 젖은 얼굴을 부드럽게 간지럽히던 바람, 봄나물을 캘
때 맡았던 향긋한 봄내음과 흐르는 냇물, 어느 하나 고맙고
감격스럽지 않은 것이 없다. 이런 경험들은 내가 나 자신보
다 훨씬 더 큰 무언가에 연결되어 있다는 느낌을 갖게 했고,
그 무언가는 일차적으로는 자연이 갖고 있는 아름다움과
힘이었다. 그리고 성서는 이 모든 것들 뒤에 하느님이 계시

다고 가르쳐주었다. 내 인생의 배후에 하느님이 계신다. 나는 이런 경험 속에서 실제의 나보다 더 깊이 있고 더 크게 만들어주는 매우 중요한 무엇인가가 내 속에 있다고 느꼈고, 그것은 결국 영혼이라는 말 외에 다른 말로 표현할 수 없다는 것을 안다. 그리고 오늘날 자연의 파괴는 결국 근원적 존재와의 단절로 이어지고, 인간 영혼의 파괴로 이어질 수밖에 없다.

나의 존재의 끝, 이 끝에서 나는 모든 존재의 근원, 중심과 만난다. 개체의 경계를 넘어서서 보다 큰 전체와 하나가 되는 경험, 그리고 그러한 경험이 가능하게 되는 근거로서의 존재 자체, 무엇보다도 모든 생명은 관계성 속에서 존재한다는 인식에서 비롯되는 자연과 인간, 온 우주의 일치 경험. 아마도 이런 것들이 종교적 사유의 본질적 내용일 것이고, 분리된 개체적 생명의 차원이나 물질의 수준에서 생명현상과 인간현상을 파악하려는 현대의 정신이 본질적으로 결여하고 있는 부분일 것이다. 성서는 하느님이 우리 존재의 일차적 근원이자 창조의 근원이며, 전면에 드러나지 않으면서 자연과 인간 삶의 드라마를 연출하는 분이라고 알려준다. 아마도 이 하느님은 다른 이름으로도 부를 수 있을 것이다.

그런데 근원이라는 의미에서 '끝'만이 아니라, 다른 '끝'에 대해서도 이야기해야 한다. 그것은 앞서 말한 '끝', 즉 근원과의 연결이 끊어지고 파괴될 위협 속에서 경험되는 '끝'이다. 이 두 번째 의미의 '끝'이 성서 세계의 특징과 더 맞닿아 있다고 할 수 있다. 제국의 침략과 거기 결탁한 가신통치자들의 수탈, 그로 인해 하느님의 통치가 끊어지는 데 대한 예언자들의 분노와 심판의 선언. 이러한 것들이 성서의 세계를 가득 채우고 있다. 이처럼 삶을 파괴하는 것들에 맞서 환상가들은 옛 세계의 종말과 새로운 세계의 시작을 선언했다. 신구약 중간시대와 초기 기독교시대에 융성했던 묵시문학의 근저에 깔린 생각은 이러한 의미에서 '시대의 끝'에 대한 의식이었다. 세계의 파멸을 선포했던 환상가들을 사로잡았던 것은 종말에 대한 어두운 환상이었다. 그러나 그들이 정말로 생각했던 것은 '끝'이 아니라 새로운 시작이었다. 악마적인 제국의 붕괴와 함께 도래할 새로운 세계에 대한 희망이었다. 구약성서와 유대교 문헌에서 종말론적 사고의 핵심은 하느님 없는 세상에 하느님이 오시는 것이었다. 그리고 신약성서 복음서들에서 예수는 임마누엘, 곧 "하느님이 우리와 함께하심", 하느님의 현존으로 파악되었다. 또한 예수 자신은 삶과 가르침을 통해 하느님 오심의 현실을 보여주었다. 그렇게 해서 사람들에게 희망을 주었다. 결국 이 두 번째 '끝'에 대한 이야기는 '희망'에 관한 것이다.

이런 두 가지 '끝'에 대한 생각이 이 책 전체에 깔려 있다. 그러나 옛 사람들의 '끝'에 대한 생각과 우리 시대의 경험이 합쳐져서 그때그때 다르게 변주되는 것을 음미하는 것은 오로지 독자의 몫이다. 공감이 있기를 바란다. 책을 내자는 이야기를 해 놓고 해가 바뀌었는데도 꿈쩍 않는 게으른 저자를 기다려주고 재촉해 주고 또 두서없는 원고들에 매무새를 갖춰준 오은지, 변홍철, 두 분 선생님께 깊은 감사의 마음을 전하고 싶다.

2017년 3월
박경미

차례

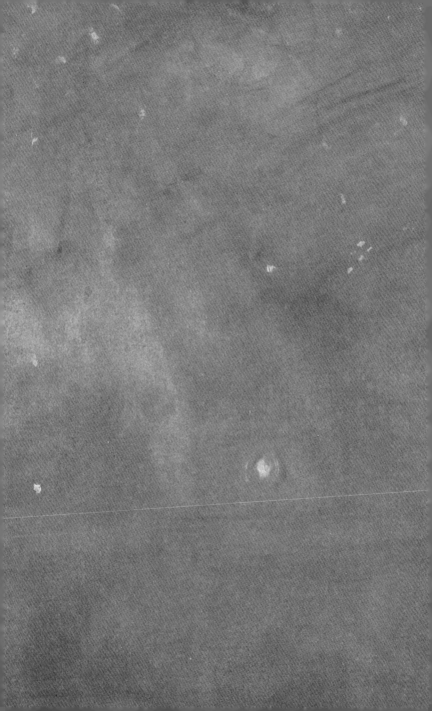

하느님의
나라,
동무들의
나라

1 나그네

구약성서에서는 이스라엘 선조들의 삶을 묘사할 때 '나그네', '떠돌이'라는 표현을 사용했다. 아브라함과 이삭, 야곱, 출애굽의 영웅 모세, 바빌론 포로기의 디아스포라에 이르기까지 구약성서의 인상 깊은 주인공들은 모두 '나그네', '떠돌이'였다. 구약성서에서는 이들이 하느님의 축복을 받아 엄청난 땅과 가축을 소유했다고 말하기도 하지만, 친척과 아비의 집을 떠나 아무런 보호도 받지 못한 채 기약 없이 하루하루를 살아가는 것이 이들의 삶의 실제적인 모습이었다. 집도 절도 없이 떠도는 아브라함의 아내 사래는 이집트와 그랄 땅에서 두 번이나 성적인 위협에 시달려야 했고(창 12:10-20; 20:1-18), 그것은 이삭의 아내 리브가도 마찬가지였다. 전쟁과 기근은 늘 그들을 따라다녔고, 강제노동(출 1:9-14)이야말로 떠돌이 나그네들의 힘겨운 삶을 가장 잘 보여준다.

히브리인들은 요즘 말로 하자면 이집트에서 외국인 노동자로서 힘겨운 강제노동을 해야 했다. 이집트 왕을 위해 그들은 진흙을 이겨 벽돌을 만들었다. 뜨거운 태양 아래 더위와 힘든 노동으로 쓰러지는 사람이 한둘이 아니었을 것이다. 이집트의 히브리인들, 그리고 포로기 이후의 디아스포라에 이르기까지 구약성서는 바로 이 집 떠난 나그네들의 책이라고 할 수 있다. 그래서 후에 이스라엘 민족은 자신들의 신앙을 고백할 때 스스로를 "떠돌아다니며 사는 아람 사람"(신 26:5)의 자손이라고 했다. 떠돌이 나그네로서 그들은 자신들을 받아들여줄 사람이 필요했고, 어디서나 친구가, 동무가 필요했던 사람들이었다. 우정과 환대가 필요한 사람들이었다. 그리고 그들이 삶 속에서 경험하고 가꾸어간 우정과 환대는 이스라엘 역사 속에서 국가나 제도가 아니라 자발적이며 협동적이고 위계질서가 없는 사회를 발전시키고자 하는 열망의 원동력이 되었을 것이다. 그들의 이러한 경험은 구약성서에서 '모세계약'의 상호호혜적이고 협동적인 계명들로 구체화되었다. 안식일법이라든가 안식년제도,

희년 같은 것들이 그러한 것들이라고 할 수 있다.

이처럼 자신을 나그네라고 여기는 것은 구약성서의 이스라엘만이 아니라 초대교회 신자들도 마찬가지였다. 신약성서를 통해 확인할 수 있는 것은 초대 기독교인들의 세계 경험이 일차적으로 부정적이었다는 사실이다. 그들은 세상 안에서 불편했다. 그들의 세상살이는 마치 나그네가 낯설고 물 선 이국땅에서 살아가는 것과도 같았다. 소종파로서 초대 기독교인들이 비기독교인들인 외부인들의 눈에 비쳐진 자신들의 모습을 보았을 때, 가장 일차적으로 느낀 것은 낯설고 적대적인 시선이었던 것 같다. 그들은 비기독교인들의 시선에서, 당신들은 우리와 다른 부류라는 차별과 의심의 눈초리를 읽었다. 초대 기독교인들은 이러한 자각을 그리스어로 '파로이코이, 크세노이'παροικοι, ξενοι 같은 언어로 표현했다. 이 말들은 외국인, 거류 외국인, 나그네를 뜻하는 말이었다. 초대 기독교인들은 세계 안에서 낯선 자로 자신들을 인식했던 것이다. 그들은 자신들을 지상을 헤매는 나그네들이라고 여겼다. 베드로전서를 비롯해서 신약성서에서 그리스도인을 지칭하는 '나그네'라는 말은 단순히 상징적인 은유를 넘어서 실제적인 의미를 지녔을 가능성이 있다.(엡 2:19; 히 11:13; 13:2; 벧전 1:11,17; 2:11)

그들은 구약성서의 이스라엘에게서도 동일한 운명을 확인했고, 그들과 구원사적 연속성을 지니고 있다고 믿었으며, 자신들도 그들처럼 선택받은 자로서 나그네들이라고 생각했다. 구약성서에는 한때 나그네로 살았던 것을 잊지 말라는 과거에 대한 회상(신 26:5)이 반복해서 나오고, 초대 기독교인들은 나그네였던 이스라엘의 과거를 자신들의 역사로 받아들였다. 구약성서에서 나그네와 외국인들을 잘 접대하라고 거듭 권면했듯이,(레 19:34; 25:35; 민 35:15; 신 10:18-19) 초대교회 역시 외국인들이나 나그네들을 교회 안에 받아들이고 접대해야 한다고 했다.(롬 12:13; 16:2; 몬 22; 딤전 3:2; 5:10; 딛 1:8) 너희가 나그네였으니 나그네를 홀대하지 말라는 것이다. 세상 안에서 낯선 존재라는 생각이 나그네와 외국인에 대한 접대라는 기독교적 윤리로 연결된 것이다.

2 하느님의 집

교회는 나그네들의 공동체이면서 동시에 하느님의 가족이었다. 하느님이 인간이 되어 낯선 세상 안에 거하면서 인간의 친구가 되셨다는 생각은, 세상의 나그네이며 낯선 자라는 그리스도인들의 자의식을 더욱 강화했다. 예수 자신이 세상에서 낯선 자였으니 너희도 낯선 자로 살라는 것이다. 특히 요한복음에 이런 생각이 두드러지게 나타난다. 요한복음의 예수는 인간이 되어 낯선 세상에 거하는 하느님이다. 그런데 이 낯선 하느님 예수가 제자들과 이별을 나누면서 "서로 사랑하라"고 거듭 당부하고, "이제부터 나는 너희를 종이 아니라 친구라 부르겠다"고 말한다.(요 15:1-17) 사랑하는 사람들은 더 이상 종이 아니라 친구이고, 예수는 제자들을 우정의 공동체로 초대한 것이다. 우정과 사랑에는 한계가 없다. 그러므로 그리스도교적 형제사랑의 의무에는 한계가 없고, 세상의 나그네로서 교회는 세상의 다른 나그네들을 자기 안에 받아들여야 한다는 것이다.

이러한 초대교회의 적극적인 나그네 의식은 사실 예수 자신에게서 유래했다. 예수 시대에도 상대방을 적수로 삼고 너를 먹어야 내가 살겠다는 생각은 어디나 넘쳐났을 테고, 개인과 개인 사이에, 나라와 나라 사이에 싸움은 끊이지 않았다. 예수 시대에는 로마제국의 침략과 헤롯 가문의 수탈에 의해 전통적인 갈릴리 농경사회의 자생적이고 자발적인 농민 협동조직이 거의 와해되었다. 당시 로마제국과 그 가신 왕들의 통치는 테러리즘과 폭력에 기반해 있었고, 그로

하느님의 나라, 동무들의 나라

인해 민중들은 자긍심을 잃고 내면적으로 갈기갈기 찢겼다. 그 속에서 예수는 갈릴리 농민들과 함께 밥을 나누고 마음을 나누었다. 그럼으로써 예수는 로마제국의 지배 아래 파괴의 위기에 직면한 갈릴리 농민들 사이에 서로 돕는 관계, 친구 관계를 회복시키고자 했다. 동무들의 나라를 다시 불러들이고자 했던 것이다. 그들 모두를 피폐하게 만든 가난에 대해 서로가 서로를 비난하는 대신, 예수는 서로가 서로를 도울 수 있게 했고, 서로에 대한 의심과 원한 대신 연대의 정신을 되살릴 수 있게 했다. 보지 못하던 사람이 보게 되고, 앉은뱅이가 일어나고 수천 명의 사람들이 보리떡 다섯 덩이와 물고기 두 마리로 배불리 먹었다는 기적 이야기들은 예수가 그들을 스스로 살아가는 주체적인 삶을 향해 회복시키고, 우정을 나눌 수 있는 인간으로 다시 탄생시킨 것을 말해준다. 그들은 예수의 하느님나라 운동을 통해 자기 삶의 주인이 되고 자기 인생을 스스로 살도록 요청받았으며, 서로를 분열시키는 행동을 자제하고 협동하고 우정 있는 인간이 되도록 요청받았다.

　예수의 뜻을 이어 초대교회 역시 세상의 나그네들을 향해 동무하자고 불렀다. 로마제국 대도시들에는 어디나 나그네와 외국인 노동자들이 넘쳐났다. 수많은 사람들이 나그네가 되어 집도 절도 없이 물 설고 낯선 타향을 떠돌았다. 그런데 교회는 세상의 나그네들을 향해 동무하자고 불렀다. 로마제국이 벌이는 전쟁의 연기와 피 냄새는 여전히 생생하지만, 그들은 교회 안에서 동무를, 친구를 발견할 수 있었기 때문에 항상 기뻐하고 범사에 감사할 수 있었다. 세상살이에서 소외되고 불편한 사람들이었지만 그들의 삶 한가운데는 기쁨이 넘쳤고, 신약성서 사도행전에 의하면 그들은 늘 기도하고 기쁨의 찬송을 불렀다고 했다. 이제 그들은 더 이상 나그네, 낯선 사람이 아니라 친구였고, 함께 길을 가는 동무였으며, 하느님 안에서 형제요 자매였기 때문에 기뻐할 수 있었을 것이다.

초대교회는 국가가 경영하는 복지제도나 돈에 의지했던 것이 아니라, 사람들 마음에서부터 저절로 우러나오는 단순하고 소박한 우정과 환대를 먹고 성장했다. 초대교회가 급속도로 성장할 수 있었던 것은 무엇보다도 목자 잃은 양 같던 당시의 수많은 대중들, 나그네들이 교회 안에서 친구를 발견하고 사귐을 나눌 수 있었기 때문일 것이다. 그 안에 권력자가 있어서 그에게서 무언가를 나누어 받을 수 있어서 교회로 사람들이 모여들었던 것이 아니다. 그들은 교회 안에서 소박한 호의, 우정, 환대를 받을 수 있었기 때문에 모여

들었을 것이다. 이것이 초대교회의 코이노니아, 곧 사귐이다. 초대 기독교는 무언가를 주겠다고 약속한 것이 아니라 너와 나 사이에 사귐이, 코이노니아가 있게 하자는 것이었고, 살인병기로 중무장한 제국의 몸통 안에서 그 몸을 야금야금 먹어들어 결국은 쓰러뜨릴 새로운 공동체의 세포를 증식시켜 나갔다.

그 자신 세상의 나그네로서 세상의 다른 나그네들과 삶을 함께 나누며 다른 세상, 우정과 환대의 세상, 동무들의 세상이 가능하다는 희망을 주었던 예수. 초대 기독교는 그런 예수의 삶을 중심에 모시고 제국의 곳곳에 우정과 환대의 거점을 세워 나갔다. 가진 것 없고 내세울 것 없던 그들이 뿔뿔이 흩어져 있을 때에는 제국의 논리에 짓눌려 삶의 희망을 가질 수 없었지만, 서로 동무가 되어 우정과 환대의 공동체를 이루었을 때 옛 세상의 한가운데서 하느님의 나라를 이루어갈 수 있다는 힘과 희망을 얻을 수 있었다. 가진 것 없는 나그네들이 하느님의 집 안에서 하느님의 가족이 되었을 때, 그들 각자의 보리떡 다섯 덩어리와 물고기 두 마리는 풍성한 삶의 열매들을 맺는 기적을 낳을 수 있었다. 물질적 부와 번영에 대한 휘황한 청사진을 그려주지 않았어도 인간다운 삶의 가능성에 대한 소박한 희망이 삶에 대한 근원적인 낙관을 가능하게 했을 것이다. 초대교회는 생명의 샘물을 처음 마시고 사람들에게 나누어주었다. 그들이 나누어준 물은 삼삼하고 담백하면서 생명을 소생케 하는 물이었다. 초대 기독교는 아무것도 달콤한 것을 약속하지 않으면서 도리어 가장 큰 것을 약속했다. 세상에 동무들의 나라를 가져오는 것이다. 하느님의 집 교회 안에서 모두가 가족이다. 온 인류가 다 한 하느님의 자녀로 한 식구라는 것이다.

사실 이보다 더 큰일이 어디 있겠는가. 사람 사이에 호의가 없고 사람과 사람이 동무로서 손을 잡지 못한다면, 진보도 발전도 의미가 없다. 우리 사회는 전 세계 어느 나라보다 빠르게 근대화·산업화를 진행시켜 오면서 "하면 된다"는 막가파식 개발논리, 너를 적수로 삼아 먹어버리고야 말겠다는 경쟁논리가 참으로 견디기 힘들 정도로 무섭게 휘몰아치고 있다. 1970년대, 80년대 군사독재가 쫓겨간 자리에 더 지독한 시장 전체주의가 또아리를 틀었다. 군대귀신이 물러간 자리에 더 강력한 돈귀신이 좌정하고 앉았다. 이 돈귀신은 총칼로 사람을 죽이거나 신체에 위협을 가하는 것이 아니라, 번쩍이는 상품과 미끈한 육체를 통해 우리 마음을 유혹한다. 우리를 현혹해서 우리로 하여금 자기에게 자발적으로 복종하게 만든다. 노예가 되는지도 모르고 노예가 되게 만든다. 복음서에 나오는 어떤 귀신 들린 사람의 처지가 오늘 우리 처지와 비슷하다. 어떤 사람이 귀신 들렸다가, 간신히 귀신을 쫓아냈다. 그런데 나갔던 귀신이 저 살 집을 못 찾자, 이번에는 제 친구 귀신들까지 잔뜩 불러서 처음 살던 그 사람 안에 다시 들어가서 살게 되었다는 이야기이다.(마 12:43-45; 눅 11:24-26) 그래서 그 사람의 처지가 귀신을 쫓아내기 이전보다 더 어려워졌다는 것이다. 돈귀신에게 종살이하고 있는 우리 처지는 이 이야기 속 주인공의 처지와 참으로 닮았다.

돈귀신이 지배하는 시장 전체주의는 비판적인 지성을 불가능하게 하며, 무엇보다도 우정을 이루지 못하게 한다. 요즘은 지식인들, 심지어 예술가나 성직자들까지도 경쟁시대에 뒤떨어져서는 안 된다는 집단적인 강박관념에 빠져 있다. 예전에 비하면 정말로 넘치게 살면서도 현재의 삶의 수준을 유지하기 위해, 뒤떨어지지 않기 위해, 끝없이 개발하고, 발전하고, 경쟁해야 한다고 노래를 부른다. 그러나 약한 자를 이기는 것이 어떻게 명예가 될 수 있는가? 타인을 낮추어 보는 것이 무슨 자랑거리가 되는가? 싸움에 이겨서 먹이로 삼을 존재를 가졌다는 것은 오히려 수치이다. 그것은 인간의 세계가 아니라 야수들의 세계이다. 그보다는 사랑하는 친구를 가지는 것이 명예이다. 경쟁은 짐승들에게 맡기고 우리 인간은 동무들의 세계를 만들어 가야 한다.

3 동무들의 나라

우정에 대한 이야기는 언제나 우리에게 힘을 준다. 11세기 유럽의 수사였던 빅토르 드 휴는 친구 로놀프에게 참으로 아름다운 우정의 편지를 썼다. 일부를 인용한다.

친애하는 형제 로놀프에게, 죄인 휴로부터.

사랑은 끝이 없다네. 내가 처음 이 말을 들었을 때 나는 금방 그게 진실임을 알았었네. 나는 이방인이었고, 나는 그대를 낯선 땅에서 만났었지. 그러나 내가 거기서 친구들을 발견한 이상 그 땅은 정말 낯선 곳이라고는 할 수 없었네. 내가 먼저 친구를 만들었는지, 혹은 내가 친구가 되었는지 나는 모르겠네만, 나는 거기서 사랑을 발견하였고 나는 그걸 사랑했으며 나는 그 사랑에 싫증난 적이 없었다네. (…) 나는 이 소중한 선물의 무게에 짓눌릴 정도가 되었지만, 그러나 결코 짐스러움을 느끼지는 않았다네. 왜냐하면 내 온 가습이 나를 지탱해 준 까닭에. 그리고 이제 긴 여행 끝에 나는 내 가슴이 여전히 따뜻해짐을 느끼고, 그 선물이 조금도 상실되지 않았음을 느낀다네. 사랑에는 끝이 없는 탓이라네.*

이 편지를 읽을 때마다 어딘지 모르게 마음속에 기쁨이 스며드는 것을 느낀다. 우정은 참된 기쁨을 가져다준다. 사람은 동무가 있어야 기쁘다. 고독은 모든 쾌락을 죽여버린다. 즐거움은 그것을 나눌 사람이 있어야만 즐거운 법이다. 오늘 우리에게 기쁨이 없는 것은 모든 사람을 적으로, 경쟁상대로 만들어버렸기 때문이다. 적이 많은 사람, 경쟁자가 많은 사람은 고독하다. 물론 그런 사람도 물건을 사고팔면서, 화려한 만찬석상에서 눈인사를 하면서 친구를 사귈 수는 있다. 그러나 벗이란 결코 그런 것이 아니다. 벗이라는 글자 友는 본래 손을 둘 그린 것이라고 한다. 손과 손을 맞잡은 것은 사귐이고, 악수이며, 화해이다. 사람과 사람 사이에 적의가 없어지고 호의가 성립되는 일이다. 벗이란 호의를 가지고 나를 대해 주는 사람이다. 경쟁하는 사람은 친구가 없

---

* Ivan Illich, *In the Vineyard of the Text: A Commentary to Hugh's Didascalicon* (Chicago and London: The University of Chicago Press, 1993), 26~27, n. 53.

고, 그래서 고독하고, 그래서 기쁨이 없다.

　그러나 삶의 본질은 기쁨이다. 삶이 우리에게 허락한 것들에 대해 만족하고 기뻐하는 것이 생명을 선사받은 우리 인간의 본분이다. 들에 핀 백합처럼, 하늘을 나는 새처럼 명랑하게 피어나고 노래할 의무가 우리 인간에게 있다. 온종일 먹을 것을 구해 날아다니는 참새도 내 집 마당에 날아와 명랑한 노래를 부르는데, 어째서 초조한 낯빛을 한 채 끝없이 경쟁만 하겠는가? 하루 종일 먹고만 있을 수도, 입고만 있을 수도 없는데 말이다. 사실 욕망에는 한계가 있다. 욕망에 한계가 없다는 것은 자본주의 마케팅이 우리 마음에 걸어 놓은 주술일 뿐이다. 우리 삶은 욕망이 아니라 기쁨으로 충만해야 한다. 샘물이 넘쳐흐르듯이 우리 뱃속에 기쁨의 샘이 넘쳐나야 한다. 억제할 수 없는 기쁨의 노래가 영혼의 밑바닥에서부터 밀려나와야 한다. 만일 교회가 이 일을 이루지 못한다면, 동무들의 나라, 기쁨의 나라를 이루지 못한다면 교회는 껍데기일 뿐이다.

　예수가 한 일은 무엇인가? 예수는 당시의 내로라하는 지식인들과 고담준론高談峻論을 나누었던 것도 아니고, 세상을 깜짝 놀라게 할 무슨 기적 쇼를 했던 것도 아니다. 그의 위대함은 만인에게, 아니 죄인들에게, 세리와 창녀와 탕자에게 친구로서 자기 가슴을 열었다는 데 있다. 그들의 무거운 짐을 몸소 자기 어깨에 졌다는 데 있다. 그의 위대함은 이 냉랭하고 살벌한 세상에 형제애를 일으키고, 서슬 시퍼런 로마제국의 식민지에 우정과 환대의 나라, 동무들의 나라를 가져온 데 있다. 아무리 세상이 살기등등해도 사람들은 예수의 가슴에서 자기를 알아주는 마음, 받아들여주는 마음을 발견할 수 있었고, 따뜻한 벗의 마음을 느낄 수 있었다. 예수가 선포했던 하느님나라는 동무들의 나라였고, 우정과 환대의 나라였다. 그러므로 기독교는 동무들의 종교, 서로 친구하자는 종교이다.

세상 권력자들은 가진 자와 못 가진 자, 지식이 있는 자와 없는 자, 지체가 높은 자와 낮은 자 사이에 온갖 금을 그어 놓고, 거기 더해서 종교권력은 정결한 자와 부정한 자를 끊임없이 나누었다. 온갖 넘지 못할 선들이 사람들 사이에 그어졌다. 그 날카로운 선을 사이에 두고 사람들은 서로 원수가 될 수밖에 없다. 싸울 수밖에 없다. 권력은 분리하고 싸움을 낳는다. 그 분리선을 지우고 보면 누구나 따뜻한 가슴을 가진 이웃인데, 너나없이 권력이 그어 놓은 경계선의 이쪽과 저쪽에서 서로를 원수 삼아 창을 겨누고 있다. 그 선 아래서 수많은 사람들이 피 흘리고 고통을 당했다. 그러나 예수는 그 경계선이, 분리하는 철조망이 없는 것처럼 행동했다. 마치 분리벽이 없는 것처럼 넘나들며 누구하고나 동무가 되었다. 누구하고나 밥을 먹었고, 밥을 먹으면서 마음을 나누고, 병을 고쳐주면서 영혼의 교류를 나누었다. 철조망 너머로 동무가 되자고 악수의 손길을 내밀었고, 먼저 다가와 벗이 되어주었다. 분리의 나라, 두려움의 나라는 사실은 우리 마음이 만들어낸 도깨비 나라일 뿐, 친구의 따뜻한 눈길을 서로 주고받고 도와주는 손길을 내미는 순간 맥없이 힘을 쓰지 못한다는 것을 보여주었다.

예수가 전한 선한 사마리아인 비유는 이 점을 아주 잘 말해 준다. 어떤 사람이 길을 가다가 강도를 만나 곤경에 빠지고, 지나가던 권세 있는 사람들은 그를 모른 척한다. 곤경에 빠진 사람을 보고도 제사장과 레위인은 그냥 지나갔다. 당연히 청중은 마지막에 권세와 상관없는 보통 사람, 즉 보통 유대인 남자가 와서 그를 구해주리라고 기대했을 것이다. 그러나 유대인이 아니라 자신들이 사람 취급하지 않는 사마리아인이 곤경에 빠진 사람을 도와준다. 사마리아인은 그를 보고 그에게 연민을 품고 불쌍히 여겼다. 사마리아인은 그 사람의 상처에 기름과 포도주를 발라주고, 붕대를 감아주고, 여관으로 데리고 갔다. 그는 여관 주인에게 그를 잘 돌봐주라고 부탁하고, 돌아올 때 더 들어간 비용을 지불하겠다고 약속했다. 아마도 예수의 이 비유를 들은 청중들은 사마리아인의 이 행동에 매우 놀랐을 것이다. 사마리아인이 그런 행동을 하리라고는 상상조차 할 수 없었기 때문이다. 여기서 연민을 나타내는 그리스어 단어('스플랑크니조마이', $\sigma\pi\lambda\alpha\gamma\chi\nu\iota\zeta\epsilon\iota\nu$)는 내장과 관련이 있다. 고대인들은 깊은 사랑이나 슬픔 같은 감정은 신체에서부터, 내장에서부터 일어난다고 여겼다. 우리말에서 '애(창자)를 끊는 것 같은 슬픔', '애간장이 녹는다'는 말과 일맥상통한다고 할 수 있다. 사마리아인은 "그의 마음속 깊은 곳에서부터 움직여졌다".

이 비유는 기존에 유대인들이 사마리아인에 대해 가지고 있던 통념을 여지없이 무너뜨렸을 것이다. 사마리아인이 자비를 베풀었다는 사실 자체가 이 비유 속에서 결정적인 의미를 지닌다. 이 사마리아인은 단순히 어려움에 처한 사람에게 선행을 베푼 것이 아니라, 유대인/사마리아인 사이의 갈등의 한 당사자로서 그 증오와 분리의 벽을 깨뜨리고 넘어와 어려움에 처한 구체적인 한 인간을 향해 손을 내민 것이다.

모든 분노에는 정당한 이유가 있다. 따지고 보면 유대인이든 사마리아인이든 서로에 대한 증오에는 뿌리 깊은 정당한 이유가 있었을 것이다. 사마리아인들은 예루살렘에서 드리는 유대인들의 예배를 거부했을 뿐만 아니라 바빌론 포로이후 유대인들이 예루살렘을 복구하는 것을 방해했다. 기원전 2세기에 유대인들이 시리아와 전쟁을 벌일 때에도 사마리아인들은 시리아를 도왔다. 그러나 사마리아인 편에서 보면 유대인은 기원전 128년 그리심 산 위에 세운 사마리아 성전을 불태운 원수였다. 유대인에게 사마리아인은 인간이 아니었고, 사마리아인에게도 유대인은 인간이 아니었다. 수백년 이어온 증오와 폭력의 역사 속에서 서로 상대방을 인간으로 대하지 않아도 될 정당한 이유가 있었다.

그러나 이 사마리아인은 미워할 정당한 이유에 매달리지 않고, 도움이 필요함을 자기 앞에서 온몸으로 보여주고 있는 한 구체적인 인간을 향해 손을 내밀었다. 사마리아인과 유대인이 아니라, 도움을 필요로 하는 한 인간과 도움을 줄수 있는 한 인간으로서 가장 깊은 차원에서 만난 것이다. 이것은 도움을 받는 사람의 입장에서도 마찬가지이다. 어쩌면 그는 사마리아인에게서 도움을 받느니 차라리 죽겠다고 뻗델 수도 있었을 것이다. 그러나 그는 온전히 도움 앞에 자신을 맡긴다.

결국 이 이야기는 우정과 친구에 관한 이야기이다. 어떻게 해서 원수가 친구가 되었는지에 대한 이야기이다. 예수의 이 비유는 '우리'와 '그들' 사이에 더 이상 민족적·국가적·계급적 분리의 벽이 존재하지 않고, 원수인 '그들' 가운데 하나가 '우리'를 돕기까지 하는 새로운 세계를 보여주고 있다. 아무리 아름다운 선善에서 출발했다 하더라도 국가나 제도, 이념은 우리를 친구가 되게 하지 못한다. 언제나 그것은 분리하는 경계선을 하나 더 만들 뿐이다. 그리고 언제나 그 경계선을 넘는 것은 곤경에 처한 한 유대인으로 인해 마음이 움직여진 최초의 한 사마리아인으로부터 시작된다. 그런 사람들이야말로 모두를 위해 새로운 세계, 동무들의 세계를 시작하는 것이다.

그런 세상은 어떤 세상일까? 몇 년 전 우리 곁을 떠난 시인, 누구보다도 동무들의 세계를 그리워했던 시인 권정생의 시를 통해 얼핏 엿볼 수 있을 것이다.

이 세상 그 어느 나라에도
애국 애족자가 없다면
세상은 평화로울 것이다

젊은이들은 나라를 위해

동족을 위해

총을 메고 전쟁터로 가지 않을 테고

대포도 안 만들 테고

탱크도 안 만들 테고

핵무기도 안 만들 테고

국방의 의무란 것도

군대훈련소 같은 데도 없을 테고

그래서

어머니들은 자식을 전쟁으로

잃지 않아도 될 테고

젊은이들은

꽃을 사랑하고

연인을 사랑하고

자연을 사랑하고

무지개를 사랑하고

이 세상 모든 젊은이들이

결코 애국자가 안 되면

더 많은 것을 아끼고

사랑하며 살 것이고

세상은 아름답고

따사로워질 것이다

— 권정생, 「애국자가 없는 세상」

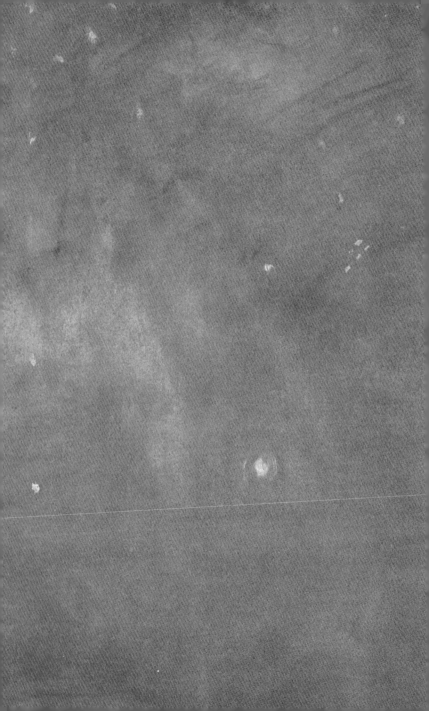

농부
/장인
그리스도

1 왜소해진 인간, 왜소해진 신

신약성서는 1세기 지중해 연안 사람들의 삶의 세계, 정신
세계를 보여준다. 그때 그 사람들을 괴롭혔던 것은 무엇이
고, 그들은 괴로움 속에서도 어떻게 삶의 희망을 일구어 갔
는지, 무엇을 선이라고 생각하고 무엇을 악이라고 생각했는
지, 어떠한 방식으로 새로운 세상을 꿈꾸었는지 보여준다.
그런데 이러한 신약성서의 세계를 살펴보다 보면 그 세계가
지금 우리가 사는 세계와 너무나 달라서 실은 그러한 삶의
세계에서 형성된 윤리적 태도나 세계인식, 말하자면 오늘날
기독교라고 일컫는 총체적인 삶의 방식을 현대인이 이해하
고 받아들이는 것이 과연 가능할까 의문이 들 때가 많다.

오늘날 기독교인은 믿음이란 개인의 내면과 관련된다고

여긴다. 종교란 개인적이고 내면적인 사안이고, 믿음이란 개인의 선택사항이라는 것이다. 그러나 인류 역사 속에서 종교가 그렇게 여겨진 것은 근대 이후의 비교적 짧은 기간에 불과하고, 그보다 훨씬 오랫동안 종교는 삶의 전체성과 관련되었다. 고대 종교, 가령 예수가 속했던 유대교의 경우 유대인으로 태어나면 그냥 유대교인이 되는 것이었다. 믿기로 결단할 필요가 없었다. 종교가 개인의 내적 결단이나 선택의 문제가 아니었던 고대 종교에서는 개인이 집단으로부터, 종교가 정치로부터, 믿음이 실천으로부터 분리되지 않았다.

이것은 흔히 부족종교, 내지는 민족종교라고 불리는 종교들의 기본 성격이라고 할 수 있다. 특정 종교를 믿는다는 것은 특정 부족집단, 또는 공동체에 속한다는 것을 의미했고, 오랜 세월 그 집단의 삶에 개입해 온 그 집단의 신에게 충성을 바치고 헌신하는 것을 뜻했다. 오늘날 이른바 보편종교의 관점에서 이러한 특징을 부족종교의 후진성이라고 볼 수도 있지만, 그 종교들에서는 믿음이 삶에 든든히 뿌리내리고 있었다. 고대인들의 종교적 세계는 그 어리석음과 무지에도 불구하고 전체로서 하나였다. 이들 고대종교나 신념체계들은 개인의 심리나 내면으로 움츠러들지 않았다. 어떤 음식을 먹고, 어떤 옷을 입으며, 어디에 거주해야 하는지, 외국인은 어떻게 대하며, 공동체 안의 가난하고 어려운 사람들은 어떻게 돌보고, 농사를 지을 때는 어떤 작물을 어떤 땅에 심으며 어떤 작물은 다른 작물과 같이 심어서는 안 되는지, 아픈 사람들은 어떻게 격리해야 하는지 등등 삶의 전 영역에 걸쳐 믿음은 힘을 발휘했다. 이렇게 고대인들의 신은 그들의 삶 전체와 함께했다. 살아 있는 믿음, 지행이 합일할 수밖에 없는 믿음이었다. 이것은 성서의 세계만이 아니라 대부분의 고대사상이 공유했던 전제였던 것 같다.

그러나 오늘날에는 종교가 실제 삶으로부터 유리되고 삶을 통합해 주지 못하면서 근대인이 자기 자신과, 그리고 세계와 관계를 맺는 방식 역시 세분화되고 파편화되었다. 믿는다고 하면서도 우리는 자기 삶의 주인이 되지 못한다. 지식인들도 자신이 연구하는 사상이나 내세우는 이념과 거리가 먼 삶을 살고, 그 사실에 대해 그다지 모순을 느끼지 않는다. '지행합일'은 잃어버린 과거의 유물이 되었다. 삶에서 멀어진 지식은 말의 타락과 이념의 몰락을 가져온다.

과연 우리가 성서의 세계를 이해할 수 있을까? 믿음과 삶을 일치시켰던 예수를 이해할 수 있을까? 오늘 우리는 고대로 돌아갈 수 없고, 고대인이 될 수도 없다. 하지만 성서 세

계의 사람들이 보여주는 지행합일의 믿음 앞에서 스스로에
게 물어야 한다. 왜소해진 근대인은 왜소한 신을 믿고 있는
것 아닌가. 그래서 결국 믿음을 갖는다는 것이 어떻게 사느
냐는 문제, 내가 사는 사회와 세계를 어떻게 이해하고 어떻
게 행동하느냐는 문제와 유리된 것이 아닌가 하는 질문 말
이다.

2 시골 사람 예수

　무엇이 우리의 삶을 파편화하고 믿음을 삶으로부터, 앎
을 실천으로부터 멀어지게 하는 것일까? 성서의 세계로부
터 눈을 돌려 오늘 우리의 삶을 돌아볼 때 무엇보다도 눈에
띄게 다르게 느껴지는 것은 우리가 시골에 뿌리박은 농촌적
삶을 잃어버렸다는 것이다. 나는 우리의 믿음이 파편화되고
왜소해진 것은 성서가 보여주는 시골의 삶, 농경적 삶의 방
식을 우리가 거의 완전히 잃어버린 것과 관련이 있지 않을
까 하는 생각을 자주 한다.
　사실 서로 돕는 우애의 윤리는 자연적이고 농경적인 분위
기와 잘 어울린다. 자본주의 사회는 경쟁해야 살지만, 농경

사회는 협동해야 산다. 재생을 중시하고 기계적인 효율성보다 도덕을 우선시하는 고대종교의 근본적인 경향은 농경사회에서 비롯되었다. 예수 그리스도, '사람의 아들'을 '평화의 왕'이라고 부르는 것 역시 그가 농민사회에서 탄생했고 그 속에서 살았다는 사실과 깊은 관련성을 지닐 것이다.

복음서들이 전해 주는 바에 따르면 예수의 세계는 수공업과 농업에 뿌리를 둔 농촌이었고, 예수는 '평화의 왕'으로 한 촌부의 집에 태어났다. 그리스도의 고향은 갈릴리였고, 그는 시골 가정에 태어났다. 누룩으로 부풀어오른 빵반죽, 들판을 붉게 물들이는 엉겅퀴들, 어느 틈에 밭을 뒤덮으며 번식력을 자랑하는 겨자풀 같은 것들은 그곳에서 흔하게 볼 수 있는 것들이었고, 선인에게나 악인에게나 똑같이 공평하게 내리는 비, 씨 뿌리는 사람이 팔을 뻗어 씨를 뿌리는 장면 등은 늘 가까이 경험할 수 있는 것이었다. 하늘의 새와 들판의 풀을 먹이시고 입히시는 하느님은 마치 농부가 호흡하는 공기처럼, 땅 밑을 흐르는 물줄기처럼 그러한 농민의 일상적 삶 속에 자리하고 그 삶을 유지해 주었을 것이다. 어느 안식일 날 밀밭을 지나다가 밀이삭을 쥐어뜯는 제자들의 모습 역시 이러한 풍경 안에서 비로소 제자리를 찾으며, 이 익숙한 풍경으로부터 안식일 제도의 노예가 되는 것을 거부하는 예수의 모습이 자연스럽게 떠오른다.

베들레헴의 말구유에서 그리스도가 태어났다는 이야기 역시 설사 전설이라 할지라도 자연과 인간의 관계에 대한 상징으로서 중요한 의미를 지닌다. 구원자는 도시의 궁궐이나 귀족의 침실이 아니라 마을의 소 외양간에서 태어나셨다. 그리스도의 탄생이 하느님과 인간의 만남을 뜻한다면, 농가의 마당은 인간이 자연과 만나는 장소이다. 외경 유년기 복음서들에서 어린 예수가 농가의 마당에서 놀고 있는 것은 자연스러울뿐더러 믿음과 삶의 유기적 통전성을 드러낸다. 그의 어머니 역시 마을의 목수와 결혼한 농부이다. 누가복음에서는 "밤새 양떼를 지키던" 무식한 목자들이 그를 경배하며, 마태복음에서는 시리아 문화권에서 배움과 지혜의 대명사였던 박사들이 그를 경배한다. 박사들은 별들의 운행을 바라보며, 신과 인간의 행로가 어떻게 조응하는지 탐구하는 사람들이다. 이것은 마치 노동의 양 극단을 보여주는 것 같다. 들에서 하는 노동과 신을 위한 노동, 땅과 하늘, 인간사회의 가장 평평한 밑바닥과 꼭짓점, 이 둘이 아기 그리스도 앞에 겸손하게 무릎 꿇는다.

예수는 도시가 아니라 마을에서 나고 자랐다. 그가 한 여행들은 시골 사람의 여행이었고, 그가 맺었던 인간관계들 역시 시골 사람의 인간관계였다. 그의 추종자들은 시골이나 소도시의 작은 마을에서 온 사람들이었다. 그리고 구체적이고 구상적인 그의 표현방식은 너무나 깊이 농민들이 말하는 방식에 뿌리를 둔 것이어서 말구유에서 태어나고 목자들이 방문했다는 탄생 이야기와 아주 잘 어울린다. 예수는 자신이 태어난 땅에 완벽하게 속해 있었다. 그는 명절 때나 마지막 때 말고는 예루살렘으로 들어가지 않았다. 헬레니즘적 도시 티베리아스는 헤롯 안티파스가 건설한 갈릴리의 중심 도시로 유대인들이 지독히 혐오했던 도시였는데, 복음서들에서 그다지 자주 언급되지 않는다. 그는 지역의 인물로 머물렀으며, 그의 생애나 말씀들은 코스모폴리탄적 문화의 흔적을 보여주지 않는다. 시골의 대중들이 그에게로 온 것이지, 그가 도시의 대중들에게로 간 것이 아니다.

아마도 오늘 우리가 예수의 믿음과 삶을 따르기 어려운 이유 중 하나는 산업문명 안에서 시골 감수성을 잃어버렸기 때문일 것이다. 예수의 말씀들, 특히 비유들의 주제는 명백하게 시골과 관련되어 있으며, 지역적이다. 농사나 계절의 순환에 대한 언급은 매우 자주 나온다. 예수의 비유들에 나타나는 당시 삶의 모습은 관리인과 종, 고용된 일꾼들을 거느린 대토지 소유자들이 자신이 생산한 것들로 먹고사는 소농들의 토착 가정들을 위협하는 시골 지역의 모습이다. 이것은 라티푼디움(대규모 농장)이 지역 농민들의 토지에까지 확대되었던 초기 로마제국 변방 지역의 모습과 맞아떨어진다.

비유들은 갈릴리 농민의 가정생활, 즉 그곳의 마을과 들판, 작업장으로부터 구체적인 유비들과 예들, 직유와 은유를 끌어들였다. 그것은 동물이나 식물을 실제대로, 하느님의 섭리 아래 있는 그대로 서술했다. 새끼들을 모으며 울어대는 암탉, 겁에 질린 양떼, 밭을 가는 황소, 한 앗사리온에 팔리는 참새들과 길 잃은 양. 이 모든 것들은 있는 그대로 상징화되었다. 예수는 들에 핀 엉겅퀴와 하늘을 나는 새를 가리키며 인간의 참된 존재양식을 생각해 보게 했다. 그런 예수가 바리새인들의 위선과 궤변, 겉치레를 얼마나 체질적으로 싫어했을지 상상이 간다. 그의 말은 권위가 아니라 경험적 현실에 호소했다. 이처럼 노상에서 공개적으로 한 말씀들은 모든 농민문학이 그렇듯이 구전적이며, 한 세대에서 다음 세대로 이어지는 가정의 말이 변함없이 그렇듯이 전통적이다. 그 말씀들은 그 자체로서 민중 지혜의 보고이며, 격언과 속담, 경구들로 잘 짜인 직조물이다. 그것은 전통과 독창성이 양립할 수 있음을 보여준다. 리드미컬한 이행구나

삼행구, 교차대구는 단순히 히브리 시의 문학적 도구가 아니라, 농민들이 자신들의 기억을 보존하기 위해 사용했던 수많은 리듬들 중의 하나이다.

예수는 이러한 방식으로 시골 농부와 장인, 자신의 가정을 지키는 아주 평범한 사람들의 경험을 이용해서 보편적인 진리와 무한한 실재를 향해 눈부신 빛을 조명하고 있다. 아마 "한 알의 모래 속에 세계를 보며 한 송이 들꽃에서 천국을 본다"는 블레이크의 시구보다 더 이와 어울리는 표현은 없을 것이다.* 구체적인 것 안에 보편이, 겨자씨 한 알에 겨자나무가, 부분 안에 전체가 들어 있다. 이처럼 시골 분위기에 푹 젖어 있는 언어들을 통해 복음서는 자연의 이치와 인간 행위의 본질적 특징들이 신적인 것의 계시임을 보여준다. 하느님과 그의 길은 자연 안에서, 그리고 본질적으로 인간적인 모든 것 안에서 찾아야 한다.

복음서의 예수 이야기들은 이처럼 농경적인 풍경에 비추어 보아야 그 시적인 솔직함과 리얼리즘을 드러낸다. 저 높이 하느님의 시선 아래 펼쳐지는 장인들과 농부들의 일상적

* 윌리엄 블레이크, 「순수의 전조」, 『천국과 지옥의 결혼』, 김종철 옮김, 민음사, 1996, 82쪽.

인 삶 속에서 성례전적 사건들이 경험된다. 구체적인 물질 세계가 피조세계로 변하면서 하느님과 인간 사이에, 피조세계와 인간 사이에 새로운 변화가 이루어진다. 물질 한가운데서 거룩을 경험하고 일상성 속에서 하느님을 경배하는 일이 가능해지는 것이다.

3 도시화/산업화

만일 그리스도가 시골 벽지 농부/장인 가정의 일원으로 태어나서 소년시절과 청년시절을 보냈다면, 당시 헬레니즘적 도시의 발전으로 인해 시골 농민들이 겪었던 일들을 그 역시 겪었을 것이다. 당시 코스모폴리탄적인 로마제국의 지배는 경제수탈과 억압을 통해 로마에 속한 지방의 자급적인 경제를 파괴했다. 그리고 그것은 지방의 희생을 대가로 도시 부유층을 살찌우는 것이었다.

로마제국의 도시화정책은 무엇보다도 경제적인 측면에서 제국의 지방들을 압박했다. 당시 로마제국은 제국 주변부에서 대규모로 옥수수와 밀을 생산해서 도시화된 지역의 프롤레타리아 대중을 먹인다는 정책을 폈고, 이로 인해 제국에 속한 지방들은 심각한 경제적 변화를 겪었다. 대규모 특화농업과 빌라 시스템, 노예노동자들의 대거유입으로 인해 아시아와 아프리카는 수탈을 당했고, 이로 인해 자급적인 농업과 그와 관련된 농민적 가치들은 파괴될 수밖에 없었다. 독재적이었던 당시 중앙정부는 오늘날과 마찬가지로 옥수수 상인들이나 대규모 운송업자들의 이익을 보호했고, 지방 도시들은 통제력과 주도권을 점차 상실하게 되었다. 소작관행은 유대지역에 광범위하게 퍼져 있었다.

사실 로마는 이전 공화정 시절에 로마 밖 이탈리아 농민에게 실시해서 로마를 살찌게 했던 정책을 이제 제국의 팽창 과정에서 식민지에 써먹고 있는 중이었다. 그것은 도시 자본을 위한 급격한 농업개혁이었고, 기원전 2세기 그라쿠스 형제가 불굴의 의지로 반대했던 것이었다. 그라쿠스 형제는 토지소유에 제한을 두는 개혁입법을 하고자 했고, 그러다 귀족들에게 맞아죽었다. 이들의 노력은 수포로 돌아갔고, 그 결과는 농민계층의 파괴였다. 라티푼디움은 자급적이었던 농촌 마을들을 망쳤다.

예수 시대 유대지역에서 도시와 농촌 사이의 갈등은 심각했다. 자기 땅에서 농사를 짓던 농민들은 노예노동으로 이루어진 공장형 빌라와 충돌했다. 그동안 그들은 가정에서 필요한 다양한 작물들을 혼작했다. 이러한 농작관행은 도시 대중의 값싼 식량수입을 위해 곡물을 대량생산하고 단일 작물을 재배하게 하려는 개혁정책과 충돌했다. 이러한 갈등은 예수가 살던 당시 유대지역에서 첨예한 문제였다. 국가에 의한 농민의 자급적 삶의 파괴, 그것은 가장 오래된 착취의 예일 것이다. 그리스도는 바로 그러한 갈등과 고통의 한가운데, 한 소농의 가정에 자신의 거처를 마련한 것이다.

요한복음서에 따르면 영원한 "말씀"은 "우리", 곧 농민들 가운데서 조촐하게 "천막을 치고"(요 1:14) 자신의 일시적인 거처를 마련했다. 농민은 원시단계를 지나 인류가 지상에 정착한 이래 가장 오래된 존재들이자 국가가 주는 긴장과 압력, 제국의 요동에 가장 덜 영향을 받는 존재들이다. 국가는 언제나 이들을 굴복시키려고 하지만, 농민은 언제나 국가를 먹여 살려왔다. 그리스도는 모든 시대 모든 문명화된 민족들의 이 위대한 살림꾼들 가운데서 자신의 거처를 마련한 것이다. 농민들은 지속적으로 땅과 인격적인 친밀성을 유지하고, 그 친밀성을 통해 자신이 속한 문명을 먹여 살린다. 그렇게 해서 하나의 문명에 이어 또 하나의 문명이 나오고, 종국에는 파멸에 이른다. 그러나 농부가 농사를 짓는 한 삶은 지속된다.

그러나 오늘 우리는 땅과 피조세계에 대한 애정을 가지고 일하는 것이 아니라 돈을 위해 일한다. 믿음의 삶을 살려면 삶을 지속적인 전체로 받아들일 수 있어야 하는데, 우리에게 그것은 쉽지 않은 일이다. 왜냐하면 우리에게 시간은 우리 자신의 것이 아니라, 돈을 벌기 위해 고용되어 일하는 조직의 것이기 때문이다. 일을 하고 남는 여가시간에 우리는 휴식을 하고 친구를 만나고 자녀를 돌본다. 하느님께 예배를 드리는 것도 이 여가시간뿐이다. 돈을 벌기 위해 일하는 시간도 하느님께 예배 드리는 시간이라고 정직하게 말할 수 있을까? 자본주의 사회 임금노동의 노예적 성격을 감안한다면 그렇게 말하기 어려울 것이다. 자본주의 사회에서는 하느님을 예배하는 시간과 마몬을 예배하는 시간이 따로 있다. 그리고 마몬을 예배하는 시간이 절대적으로 우위에 있다.

　산업사회는 땅과 사회 사이의 관계에 근본적인 변화를 가져왔다. 예수 시대 로마가 제국의 도시들에 '빵과 서커스'를 제공하기 위해 갈릴리처럼 멀리 떨어진 지방의 땅을 수탈했다면, 오늘날에는 모든 가치를 돈으로 대체함으로써 실제로는 사회적·농업적 관계의 모든 측면에 근본적인 변화를 가져왔다. 과거 전통사회에서는 세금이나 부역을 통해 땅의 생산물을 농부들로부터 수탈해 갔다면, 오늘날 지배세력은 땅 자체를 가져갔다. 이제 농부들은 살고 있는 지역의 들과 숲, 강과 바다로부터 필요한 것들을 스스로 얻을 수 없다. 자본가는 이윤을 얻기 위해 땅을 확보했고, 농민과 노동자는 자본가를 위해 돈을 벌어주지 않는 한 생존에 필요한 것들을 얻을 수 없다. 이제 농부와 장인은 자기 주인인 돈을 위해 일하는 고용노동자가 되었다. 오로지 노골적인 이익추구를 위한 자유만이 허락된 세계에서 우리는 돈의 시스템에 눌려 희망 없이 살아간다.

그러나 궁극적으로 모든 지상권력은 사람을 통해 온다. 아무리 억압적인 정권이라도 사람들을 굴복시킬 수 있는 동안만 정권으로 존재할 수 있다. 그러므로 궁극적으로는 악한 지배와 권력에 복종하기를 거부하는 작은 사람들 하나하나가 결정적으로 중요하다. 세계화된 금융시스템의 이익을 위해 또다시 빈곤과 사회불안이 확대될 것이지만, 문제는 훨씬 더 깊은 곳에, 금융시스템의 뿌리에 놓여 있다. 문제를 근원적인 관점에서 공략하는 데는 시간이 걸릴 테지만, 삶의 지속성과 전체성을 유지하고 유기적이고 통전적인 믿음의 삶을 실천하려는 간절한 움직임이 작은 교회들과 시골에 정착하려는 사람들 가운데서 태동하고 있다고 믿어 의심치 않는다. 화려해 보이지만 실은 빈약하기 짝이 없는 산업과 금융 상부구조를 넘어 건실하고도 토착적인 땅의 문명을 이루려는 노력은 무엇보다도 믿음에 근거할 수밖에 없다.

4 피터 모린

이와 관련해서 일찍이 1930년대 미국에서 피터 모린Peter Maurin과 도로시 데이Dorothy Day가 했던 실천은 우리에게 빛을 던져준다. 이들은 대공황 기간 동안 미국 뉴욕에서 아나키즘적–평화주의적 가톨릭 노동운동을 했다. 독학을 한 철학자인 피터 모린은 도로시 데이와 함께 자신의 부엌을 가난한 사람들에게, 응접실을 집 없는 사람들에게, 자치조직을 실직자들에게 제공함으로써 이 운동의 기초를 놓았다. 천재이자 성자이며 운동가, 저술가, 설교가이자 가난하고 초라한 노숙자였던 사람, 한 사람 안에 모든 것을 다 가진 사람이라고 도로시 데이가 말했던 피터 모린은 탐욕이 아니라 믿음과 자발적인 가난에 기초한 사회를 꿈꾸었다. 그는 실직 노동자들을 자발적인 농업노동자로 전환시키는 녹색혁명을 주장했으며, 공업노동의 비인간화에 반대해서 전통적인 가톨릭의 인격주의적 철학에 근거하여 사람들을 들판으로 불러냈다.*

피터 모린과 도로시 데이는 자신들의 운동을 위해 소박한 삶과 예배공동체, 폭력으로부터의 자유에 대한 기독교 전통들을 끌어왔다. 모린은 과거를 연구하고 인간과 공동체를 분석한 뒤 종교, 배움, 땅과의 일치가 개인과 공동체 생활의 토대가 되는 세 가지 요인임을 깨닫는다. 이것은 기도와 독서, 노동을 수행의 세 기둥으로 삼았던 중세 수도원운동과도 맥을 같이한다. 그는 '그리스도로 돌아감, 즉 땅으로 돌아감'이라는 제목의 수필을 1935년 11월에 『가톨릭 일꾼』신문에 실었다. 여기서 그는 종교생활과 땅을 가꾸는 생활을 연결하여 경배敬拜, 경문敬文, 경작敬作을 새로이 통합할 것을 요구했다.**

모린은 다수의 사람들이 농업을 하고 소수의 사람들이 손노동을 하는 사회에서 손노동 문명이 발생한다고 보았다. 그리고 그러한 사회의 원형이 농경 마을이며 농업과 손노동이 결합된 마을에서는 개인들이 자기 노동에 책임을 지게

---

* 마크 H. 엘리스, 『피터 모린, 20세기에 살다 간 예언자』, 조세종 옮김, 하양인, 2015.

** 앞의 책, 155쪽.

된다고 했다. 노동자들은 공동체의 필요에 따라 생산하며 기계보다는 도구들을 사용하기 때문에 일의 본질적인 의미를 간직한다. 원래 일치했던 일과 예술, 일과 미의 개념이 기계노동에 의해 분리되었다면, 농업과 손노동은 다시 그 일치를 가져올 수 있다. 땅에서의 생활은 협동과 기능적인 경제를 촉진시키기 때문에 농경사회에서는 임금과 이익을 위한 욕망이 점차 시들해지다가 마침내 소멸할 것이라고 그는 전망했다. 농업에는 실업이 없고, 개인주의는 가족주의로 변할 것이다. 그리고 아이들은 환대를 받고 노인들은 존경을 받을 것이다.*

이처럼 모린은 농업과 손노동 문명에서 노동에 대한 책임과 노동의 온전한 회복이 이루어질 수 있다고 생각했다. 그것은 농민 노동자에게 자기존중과 위엄을 가져다주고, 노동자가 배움에 애정을 쏟게 만든다. 그리고 그는 경작과 경문의 통합에 있어서 경배가 중심에 있어야 한다고 보았다. 영성적 삶을 중심으로 할 때 비로소 삶은 방향이 정해지고 완성에 이른다. 산업주의와 세속주의의 피난처는 자본주의나 국가사회주의가 아니라, 대부분의 사람들이 신앙을 삶으로

* 앞의 책, 157쪽.

살고 실천하는 농경사회로 돌아가는 것이었다. 이러한 그의 생각이 농경사회에 대한 시대착오적 이상화라고 비판받을 수도 있지만, 농경사회가 산업사회, 자본주의 사회보다 훨씬 착하게 살기 쉽고, 믿음을 지키기 쉬운 사회, 요컨대 훨씬 인간성에 부합하는 사회인 것만은 틀림없다. 게다가 지금 우리는 산업사회의 끝을 살고 있지 않은가?

그는 땅을 올바르게 공경하지 않는다면 어떠한 문화도 온전히 건강해질 수 없다고 했다. 이상적인 농경공동체는 많은 기능과 직업들이 공동체를 구성하는 마을공동체라고 했다.* 그는 일과 신앙을 통해 몸과 정신 속에 깃든 물질과 영혼의 재통합을 추구했다. 이러한 목적은 산업화된 환경에서는 이루어질 수 없다. 그러므로 장기적인 전망에서 산업사회의 종말을 예측하지 못하는 견해는 어리석어 보인다. 모린이 보기에 희망은 다시 마을로 돌아가는 데 있었다. 다시 농사와 농부 그리스도의 의미를 찾아가는 데 있었다.

어쩌면 오늘날 문명의 해체를 겪게 된 주요 이유들 가운데 하나가 예수의 세계가 농부와 농사의 세계였다는 사실이

---

* Maurin, "More about the Farming Commune", *Catholic Worker*, April 1936, 8; 마크 H. 엘리스, 『피터 모린, 20세기에 살다 간 예언자』, 163쪽에서 재인용.

지니는 의미를 무시했기 때문일지 모른다. 인간 삶의 자연적 형태에 대한 이해와 존중은 구원의 은총과 유기적인 관계에 있다. 그리고 이러한 삶의 법칙 또는 리듬은 '땅'에서 가장 자연스러운 모습을 드러낸다. 그러므로 금융과 산업으로부터 파생한 인위적인 부의 기준이 아니라 진정한 부의 원천으로서 땅을 보존하는 것은 참된 신앙에서 결정적으로 중요한 사안이다. 진정한 의미에서 대립은 좌와 우, 사회주의와 자본주의 사이에 있는 것이 아니라, 땅에 토대를 둔 삶에 대한 유기적이고도 통전적인 견해와 경제적 물질주의 사이에 있다.

헤롯의 나라, 민중의 꿈

1 헤롯의 최후 (요세푸스, 『유대전쟁』 1, 647-673)

천하의 헤롯도 별수 없었다. 말년의 헤롯은 온갖 질병에 시달렸고, 집안 문제로 골머리를 앓았다. 헤롯은 아들 둘과 왕비 미리암네, 장모까지 이미 처형했고, 지금은 또 다른 아들 안티파테르에 대한 분노로 치를 떨었다. 분노와 복수심이 기력이 다한 그의 육신에 마지막 힘을 불어넣는 것 같았다. 헤롯이 아들 안티파테르를 아직까지 살려둔 것은 오로지 그를 조용히 처형하지 않고 자신의 건강이 회복되는 즉시 공개적으로 처형하려고 마음먹었기 때문이었다. 헤롯은 종려나무 숲이 시원하게 우거진 여리고로 요양을 하러 갔지만, 극심한 통증과 아들에 대한 분노로 휴식을 취할 수 없었다. 설상가상으로 예루살렘으로부터는 반란의 소식이 들려

왔다.

아마도 그날 낮에 성전 경내를 드나들던 사람들은 벌린 입을 다물 수가 없었을 것이다. 일단의 청년들이 밧줄에 몸을 매달고 성전 문 위로 올라가 헤롯이 로마 황제를 기리기 위해 세워 놓은 황금독수리상을 끌어내려 도끼로 산산조각내버린 것이다. 사건은 즉각 헤롯에게 보고되었고, 40여 명의 죄수들은 성전수비대에 의해 여리고로 호송되었다. 사건의 진상은 명백했고, 서둘러 소집된 귀족회의 앞에서 죄인들은 떳떳하게 죄상을 자백했다.

그날 예루살렘의 인기 있는 두 랍비, 세포리우스의 아들 유다와 말가루스의 아들 마티아스의 강론에는 청중들이 인산인해를 이루었다. 그들은 헤롯의 병이 깊어지고 그가 실의에 빠졌다는 소식을 듣고 모여든 청년들에게 이렇게 말했다.

"지금은 하느님의 율법에 정면으로 대적하여 세워진 저 황금독수리상을 부수고 하느님의 영광을 되찾을 아주 좋은 때입니다. 율법에는 성전 안에 어떠한 상이나 흉상이나 살아 있는 피조물을 세우는 것을 금하고 있는데도 헤롯왕은 성전 대문 위에 황금독수리상을 세웠습니다. (…) 비록 우리의 행동이 매우 위험하다 할지라도 그것은 우리의 율법을 지키기 위한 숭고한 행동이기에 우리들의 영혼은 결코 죽지 않고 영원히 살 것이며, 결코 잊히지 않을 것입니다."

이들이 열정적으로 강론하고 있을 때 마침 헤롯이 사망했다는 잘못된 소식이 들려왔고, 몇몇 피 끓는 청년들이 성전 대문 위로 올라가 그들의 말을 즉각 행동에 옮겼던 것이다.

죄수들은 헤롯 앞에서도 떳떳하게 맞섰다. 헤롯은 잠시 병을 잊을 정도로 격분했다.

"감히 내게 이런 짓을 해? 예루살렘 성전을 개축해 주고 굶주린 자들을 위해 구호금을 내고 예루살렘을 제국의 어느 도시에 견주어도 뒤지지 않을 신도시로 재건한 내게 저 버러지 같은 자들이 한 짓을 똑똑히 보라! 내가 바라는 것이라고는 그저 죽고 난 다음에 사람들이 나를 명예롭게 기억하는 것밖에 없는데, 명예는 고사하고 백주에 나를 웃음거리로 만들다니! 내 늙고 병들었지만 아직 두 눈이 시퍼렇게 살아 있다. 절대 그냥 넘어가지 않겠다."

헤롯이 보기에 그들은 율법을 구실로 황제에 대한 신성 모독죄를 저질렀고 체제전복을 도모한 대역죄인이었다. 병고로 초췌해진 늙은 폭군은 죽음을 앞둔 병자라고는 도저히 믿어지지 않을 정도로 무서운 결기를 보이며 폭포수처럼 말을 이어갔다. 둘러선 귀족들은 두려웠다. 대대적인 검거선

풍이 불어닥치고 또 무슨 피바람이 불지 몰랐다. 그들은 헤롯에게 합리적인 제안을 했다. 주동자들을 엄단하고 배후세력은 나중에 색출하자고 간청했다. 헤롯은 내키지 않았지만 동의했다. 그래서 청년들을 선동한 두 랍비와 황금독수리상을 지붕에서 끌어내린 주범들은 산 채로 화형시키게 하고 나머지는 그냥 담당자가 알아서 처형하게 했다. 기원전 4년 3월 헤롯이 죽기 몇 주 전의 일이었다.

이 일이 있은 후 헤롯의 병은 급속도로 악화했다. 그는 계속 열에 시달렸고, 온몸에는 피부 가려움증, 뱃속에는 염증과 악성종양, 게다가 천식으로 숨조차 쉴 수 없는 데다 때때로 사지에 경련이 일어났다. 어떤 사람들은 그의 뱃속에 가득차 있는 것이 우글거리는 회충이라고도 했다. 그러나 그는 이 엄청난 신체적인 고통과 악착같이 싸웠고, 온갖 치료법을 동원하여 살려고 발버둥쳤다. 의사들의 권고에 따라 유황온천에 몸을 담그기도 했고, 뜨거운 기름이 가득찬 목욕통에 들어가기도 했다. 그러나 그는 점점 더 쇠약해져서 실명하게 되었고, 절망한 나머지 과일 깎는 칼로 자살을 하겠다고 소동을 일으키기도 했다.

하지만 결코 그는 삶을 포기하지 않았고, 쉽게 죽지도 않았다. 마지막까지 권력을 놓지 않았고, 통치행위를 계속했다. 그는 유대 전국 각지에서 유명인사들을 소환하여 경기장에 감금하도록 명령했다. 그리고 여동생 살로메 부부를 불러 자기가 죽으면 감금된 자들을 다 죽이라고 했다. 그는 이렇게 말했다. "그대들이 내 지시만 따라준다면 비록 슬픔의 의미는 다르다고 할지라도 내가 숨지는 순간 유대지역의 사람들이 그들이 원하든 원하지 않든 모두 나를 위해 울어주지 않겠는가?" 살로메는 이 약속을 실행에 옮기지 않았고 그들을 풀어주었다.

한편 아들 안티파테르는 헤롯이 죽은 줄 알고 감옥에서 탈출을 기도했다 발각되어 결국 처형당했고, 헤롯은 유언장을 고쳐 썼다. 목숨을 부지한 아들들 가운데 헤롯 안티파스와 아르켈라오는 후계자 자리를 놓고 싸우고 있었다. 헤롯은 이들 중 형인 아르켈라오를 후계자로 삼고 헤롯 안티파스는 분봉왕tetrarches('영토의 1/4의 통치자'라는 의미)으로 정했다. 헤롯은 안티파테르를 처형하고 5일을 더 살다가 죽었다. 유대인이 아닌 이두매인 출신의 일개 평민으로서 유대 왕이 되어 다스린 지 37년 만이었다. 아들 아르켈라오는 헤롯의 장례식을 성대하게 치렀고, 원대로 헤롯은 헤로디온에 묻혔다. 기원전 4년 유월절 전 이른 봄이었다.

2 헤롯의 지배

요즘 식으로 말하면 헤롯은 탁월한 외교력을 지닌 인물이었다. 그리고 로마제국의 막강한 세력하에 있던 당시로서는 외교력이 곧 정치력의 전부를 의미했다고도 할 수 있다. 유대는 기원전 587년 바빌론에 멸망한 후 계속 이민족의 지배를 받다가 마카비 항쟁(기원전 167~164년)의 성공으로 약 100여 년간 토착가문인 마카비가 또는 하스몬 왕가의 지배 아래 있었다. 그러나 이 체제가 약해지면서 기원전 63년 다시 로마의 폼페이우스에 의해 정복당했다.

로마는 기원전 2세기 지중해 해상권을 놓고 카르타고와 벌였던 두 차례의 전쟁에서 최종적으로 승리하는 것을 끝으로 밖에 있던 적과의 싸움을 일단락지었다. 예나 지금이나 육로를 통한 운송보다는 해로를 통한 운송이 훨씬 경제적이었고, 따라서 로마가 제국으로 도약하기 위해서는 지중해 해상권 장악이 절대적으로 필요했다. 이제 로마는 카르타고를 온통 피로 물들이며 지중해 해상권을 장악했고, 지중해 연안 전 영토의 부를 거머쥘 수 있게 되었다.

문제는 로마 내부의 정치체제였다. 오래전부터 이어져온 공화정은 실질적으로는 원로원 귀족의 지배를 의미했고, 그

나마 유명무실해진 지 오래였다. 한편으로는 로마의 영토가 확대되면서 토지에 기반한 부가 엄청나게 늘어났지만, 오랜 전쟁 기간 고통과 희생을 강요당해 온 농민들에게 돌아갈 몫은 없었다. 부의 절대적인 양은 늘어났지만 그것은 소수 귀족과 장군들 차지였고, 양극화는 갈수록 심해졌다. 국가를 위해 가족을 잃고, 전시동원체제하에서 얼마 안 되는 소유물마저 빼앗겼던 사람들의 분노는 극에 달했다. 카르타고와의 전쟁 이후 호민관 그라쿠스 형제가 시도했던 개혁은 바로 이 문제, 부의 양극화를 해결하기 위한 것이었고, 구체적으로는 당시 부의 토대였던 토지분배에서의 평등권을 확립하기 위한 것이었다. 그러나 귀족들의 반대로 이들의 개혁은 실패했고, 이들은 결국 귀족들에게 몽둥이로 맞아 죽었다.

이제 남은 것은 각자 자신의 권력장악을 위해 민중의 열망을 이용하고자 하는 장군들과 정치가들뿐이었다. 이들은 엎치락뒤치락 권력을 분점하며 과두정치체제를 이루었지만, 그것은 최후의 일인독재로 가기 위한 과정이었을 뿐, 최후의 한 사람이 남을 때까지 피투성이가 되어 싸웠다. 결국 로마는 또다시 전쟁상태에 돌입하게 된 것이다. 이번에는 밖이 아니라 안에서, 로마인이 로마인을 향해 벌이는 전쟁,

즉 150여 년에 걸친 내전에 돌입하게 된 것이다. 또다시 무고한 백성의 피가 온 땅을 적시게 되었다.

헤롯이 고대 근동의 정치무대에 등장하기 시작한 것은 이 내전이 거의 막바지에 이르렀을 무렵이었다. 헤롯은 이 피의 소용돌이 외곽에서 소용돌이의 방향을 예의주시하면서 어디에 줄을 서야 할지 끊임없이 계산했다. 그의 동물적인 정치감각이란 기본적으로 어디에 줄을 서야 하는지 알았다는 것이고, 또 잘못 섰다는 사실을 깨달으면 일순간의 망설임도 없이 줄을 바꿔 서는 동물적인 민첩함을 뜻했다. 그는 폼페이우스에서 시저, 크라수스, 안토니우스, 옥타비아누스에 이르기까지 로마의 최고권력이 이동하는 동안 차례로 그들의 측근이었다. 그는 유연했다. 헤롯의 아버지 안티파테르는 유대 남쪽 이두매인(구약에서 말하는 에돔인. 기원전 129년경 하스몬 왕조에 의해 유대화되었다)이었고, 어머니는 나바테아인이었다. 원래 하스몬가를 섬기는 신하였던 헤롯의 아버지 안티파테르는 유대가 로마에 정복당하면서 로마의 신임을 얻는 데 성공했고, 기원전 47년 유대 행정관이 되었다. 그리고 아버지의 승진을 계기로 헤롯은 갈릴리 지역 지사가 되었다.

로마에 정복당한 유대는 키케로에 의하면 "전리품 및

전쟁 속죄금으로" 막대한 양의 돈, 군인들 급료 명목의 세금, 전쟁배상금을 로마의 시리아 총독에게 지불해야 했다.(Cicero, *On Verrus*, 3, 6, 12)* 물론 이것은 세금징수를 통해 거둬들여야 했고, 사실상 살점 하나 남기지 않고 뼈를 발라내듯 유대 속주를 철저히 약탈하는 것을 의미했다. 이 세금징수 임무를 실질적으로 맡았던 인물이 유대 행정관이었던 헤롯의 아버지 안티파테르였다.(요세푸스, 『유대고대사』 14, 143; 『유대전쟁』 1, 199) 그는 조공징수와 관련해서는 아들들에게 의존했다.

당시 시리아 총독 카시우스는 유대지역에서 은화 700달란트라는 엄청난 금액을 긁어모으려 했다. 그는 유대를 다섯 개의 구역으로 나누어 각기 상이한 분량을 부과했다. 요세푸스에 의하면 다른 지역 담당자들은 그 할당액을 채우지 못한 반면 당시 갈릴리 책임자였던 헤롯은 할당량을 제일 먼저 갖다 바쳤다. 그러자 카시우스는 나머지 도시들에서 조공징수의 책임을 지고 있던 관리자들과 네 도시의 주민들을 노예로 팔아버렸다고 한다.(『유대고대사』 14, 271) 헤롯이 왕

---

* 에케하르트 슈테게만, 볼프강 슈테게만, 『초기 그리스도교의 사회사』, 손성현·김판임 옮김, 동연, 2008, 196쪽에서 재인용.

이 되기 전 새파랗게 젊을 때, 아직 20대 때의 일이었다.

그렇다면 헤롯은 어떤 방식으로 그 많은 세금을 단시일에 거두었을까? 그 비밀은 세금임차업에 있었다. 그것은 일종의 세금민영화라고 할 수 있다. 기원전 4세기 무렵부터 유대는 세금임차업을 통해 세금징수를 하고 있었다. 이것은 행정관들이 조세징수의 책임을 직접 지는 것이 아니라 조세임차인이나 전차인 자격의 청부업자, 즉 조세징수인을 통해 간접적으로 거두어들이는 제도였다. 일반적으로는 일 년마다 최고금액을 제안하는 사람에게 조세징수권이 입찰되었다. 마을이나 구역 단위의 소규모로, 때로는 주 전체가 경매대상이 되기도 했으며, 조세임차인은 왕실 재정부에서 일하는 '세금징수 관리와 납세자 사이의 중간자'였다. 물론 임차인과 그 보증인들은 할당된 양을 징수하지 못할 경우 최종적인 위험부담을 졌다. 하지만 정해진 것 이상을 획득했을 경우에는 이익을 챙겼다. 요세푸스는 토비아 가문의 요셉이 시리아와 페니키아의 일반세 임대차 경매를 따내는 장면을 이렇게 묘사하고 있다.

각 도시에서 조세징수권을 매입하는 날이 되자 여러 지역에서 온 유력인사들이 입찰을 실시했다. 시리아와 페니키아, 유대지방과 사마리아에서 걷은 세금 합계가 8,000달란 트에 이르자 요셉은 앞으로 나아가 입찰자들이 낮은 세금액을 왕에게 제시하기로 담합했다고 비난했다. 그는 그 두 배를 주겠다고 선언했으며, 이 일을 반대하거나 태만히 하는 사람들의 재산은 왕의 재산에 예속시키겠노라고 약속했다. 당시 입찰에서는 조세징수권과 함께 이와 같은 권한도 매매되었던 것이다. 요셉의 말을 듣고 왕은 기뻐하면서 다음과 같이 말했다. "요셉이 나의 세입을 증가시켜 줄 사람 같으니 나는 그에게 세금징수권을 팔기로 하였노라" 하고 말하고는 요셉에게 보증을 서 줄 사람이 있는가를 물었다.(『유대고 대사』 12, 170)

요세푸스에 따르면 요셉은 22년 동안이나 세금징수를 맡게 되었으며, 엄청난 부자가 되었다. 아마도 영리하고 유능한 관료의 머릿속에서 탄생했을 법한 이 세금징수제도는 국가의 입장에서는 지극히 합리적이고 편리한 제도였겠지만 세금을 내야 하는 농민의 입장에서는 재앙이었다. 세금이라는 국가에 의한 재분배 방식을 통한 수탈은 고대사회의 전형적인 수탈방식이었고, 그것은 하스몬 왕가의 지배하에 있든, 로마의 지배하에 있든 달라지지 않았다. 아니 더 나빠지기는 했다. 이제 세금을 거둬 가는 집단이 더 늘어난 것이다. 그것도 지금까지와는 비교가 안 될 정도로 힘센 자가 들어와서 버티게 된 것이다. 그러나 가장 밑바닥에 있던 사람들의 입장에서는 어차피 마찬가지였을 것이다. 100년 징역형을 받으나 200년 징역형을 받으나 실제로는 마찬가지이듯이.

아마 이 조공징수건과 관련해서 헤롯은 로마 권력자들의 눈에 띄었을 것이다. 헤롯은 타의 추종을 불허했다. 그는 승승장구했고, 결국 기원전 40년 로마로부터 유대 왕으로 승인받았다. 유대 왕이 될 당시 헤롯은 안토니우스의 신하였지만, 안토니우스가 기원전 31년 악티움 해전에서 옥타비아누스에게 패하자마자 곧바로 기원전 30년 봄 요란스럽게 소아시아의 섬까지 가서 옥타비아누스에게 충성을 맹세했다. 옥타비아누스는 헤롯이 이용가치가 있음을 한눈에 알아보고 그의 지배를 인정했다. 이에 대한 보답으로 헤롯은 곧장 800달란트라는 어마어마한 금액을 선물했다.(『유대고대사』15, 200) 이후 헤롯은 이집트에 원정온 옥타비아누스를 재차 방문하여 가다라와 사마리아 등의 도시를 받았고, 기원전 23년에는 북 트란스 요르단의 트라고닛과 바다니아, 아울란티스를 손에 넣었다. 기원전 20년에는 요단강 수원 부근

의 여러 지역을 병합하도록 아우구스투스로부터 허락받았
다.(『유대전쟁』 1, 387-398; 『유대고대사』 15, 183-217, 343-360) 이렇
게 해서 아우구스투스 체제의 지원을 받으면서 헤롯은 자신
의 영지를 단계적으로 확장했고, 헤롯 치하의 유대 백성은
처음에는 안토니우스에게, 나중에는 옥타비아누스에게 조
공을 바치느라 허리가 휘었다.

헤롯이 이렇게 승승장구하게 된 데에는 아우구스투스의
충복이었던 마커스 아그립바를 친구로 만든 것이 결정적인
도움이 되었다.(『유대전쟁』 1, 400) 하층민 출신으로 어린 시절
부터 친구였던 이 동갑내기 신하가 없었다면 아마도 옥타비
아누스는 아우구스투스가 되지 못했을 것이다. 아그립바는
탁월한 군사전략가였고 토목가였다. 헤롯은 기원전 22년 레
스보스 섬에 체재하던 아그립바를 방문하여 친교를 맺었다.
기원전 16년에 아그립바가 시리아에 오자 헤롯은 다시 그
를 방문하여 열성적으로 유대로 초대했고, 아그립바는 기원
전 15년 예루살렘을 방문했다. 그 후 기원전 14년에 헤롯은
다시 동방으로 온 아그립바와 동행해서 소아시아를 방문했
다.(『유대고대사』 15, 16 이하) 이들은 여러 면에서 닮았다. 둘 다
대단한 술꾼이었고, 능숙한 사냥꾼이었으며 스포츠에도 뛰
어났고, 능란하고 완벽한 전술가였다. 게다가 이들은 둘 다

열렬한 건축광이었다.(『유대전쟁』 1, 401-430)

한마디로 호남아였던 이 둘 사이의 우호관계는 유대인들에게 긍정적으로 작용한 측면도 있었다. 소아시아 에베소의 유대인들은 툭하면 안식일에 자신들을 병사로 불러내고 법정에 소환하는 데 대해 불만이 높았다. '에돔의 노예'라는 별명을 듣고 있던 헤롯은 유대인들의 환심을 사기 위해 아그립바에게 부탁하여 유대인들이 자신들의 관례를 따를 수 있게 했다.(『유대고대사』 16, 60) 헤롯 덕택에 아우구스투스 황제도 유대인에 대해 우호적이었고, 예루살렘 성전이 성전세를 거둘 수 있는 권리를 인정했다.(『유대고대사』 16, 162 이하)

헤롯은 철저하게 로마지향적이었다. 그는 자식들을 로마로 유학 보냈고(『유대고대사』 15, 342-343; 17, 20), 기회만 있으면 황제를 방문하기 위해 로마에 머물렀다. 또한 그는 자식들의 교육뿐만 아니라 행정이나 군대의 책임도 그리스인이나 헬레니즘적 배경을 가진 유학파들에게 맡겼다. 그의 궁정은 헬레니즘적 저술가, 음악가, 관리, 경기자들로 붐볐다. 웬만큼 살 만했던 사람들은 너도나도 이것을 동경하고 따라했다. 타키투스가 한 말은 이들에게도 꼭 들어맞았다. "그들은 조금씩 우리의 악덕과 회랑의 취향들, 세련된 연회들의 유혹에 빠져들게 될 것이다. 경험이 없었던 그들은 자신

들의 예속화에 기여하는 것을 문명이라고 불렀다."(Tacitus, *Agricola* 21, 3)

그러나 무엇보다도 헤롯은 독재자답게 대규모 토목사업 벌이기를 좋아했다. 우선 기원전 27년에 원수 옥타비아누스가 '아우구스투스'라는 호칭을 얻은 것을 기념해서 사마리아를 '세바스테'(아우구스투스에 해당하는 그리스어가 '세바스투스'이다)라고 개명하고, 요새로 재건하여 그곳에 아우구스투스 신전을 건설했다. 예루살렘 남동쪽에는 자신의 이름을 따서 요새도시 헤로디온을 건설했고, 또 여리고 협곡에 형 파사엘로스의 이름을 따서 파사엘리스라는 도시를, 여리고 부근에 어머니 이름 키프로스를 따서 키프로스 요새를 건설했으며, 유대 북서부 사마리아 국경에 연해 있는 도시 라스 엘 아인을 아버지 안티파테르의 이름을 따서 안티파트리스라고 명명하고 재건했다.(『유대전쟁』 1, 417-422; 『유대고대사』 15, 323-325; 16, 143-145) 또한 사해 동쪽 연안의 요새 마캐로스를 재건했고, 사해 서쪽 연안의 거대한 자연암벽 마사다를 난공불락의 요새 겸 궁전으로 개축했다.(『유대전쟁』 7, 172-177, 285-303) 기원전 24년에는 예루살렘 상부도시에 두 개의 화려한 건물로 이루어진 궁전을 건설하고, 자신의 후원자 이름을 따서 하나를 '카이사리온', 다른 하나를 '아그립피온'

이라고 이름 붙였다.(『유대전쟁』 1, 402; 『유대고대사』 15, 318) 여리고에도 훌륭한 영빈관을 건설했고, 또 아슈케론, 벳하라마타에도 궁전을 건립했다. 이외에도 지중해 연안에 가이사리아 시를 건설했다. 이 도시의 건설은 기원전 22년에 시작되었고, 12년에 걸친 공사 끝에 팔레스타인 연안 최대의 항만도시를 탄생시켰다.(『유대전쟁』 1, 408-415; 『유대고대사』 14, 76; 15, 331-341; 16, 331-341)

그리고 헤롯은 예루살렘 성전을 대규모로 개축했다.(『유대전쟁』 1, 401; 『유대고대사』 15, 380-425) 이 개축공사는 기원전 20년에 시작했지만, 헤롯 생전에는 완성을 보지 못했고, 기원후 64년, 유대전쟁 직전에야 겨우 완성되었다. 이 성전은 "헤롯의 성전을 아직 보지 못한 자는 화려한 것을 보았다고 말할 수 없다"는 속담이 나올 정도로 그 장엄함을 자랑했지만(막 13:1), 완성 후 6년도 지나지 않아서 유대전쟁의 최종 국면에서 파괴되고 불타버렸다. 헤롯은 이 성전 외에도 예루살렘 상부도시에 자신의 친구와 형, 가장 사랑했던 아내의 이름을 따서 웅대한 탑을 여럿 건설했고, 성전 북쪽에 인접한 안토니아 요새의 방위공사를 하고, 극장을 건설했다. 한마디로 그는 토목광이었다.

헤롯의 지배정책은 회유와 압제를 번갈아 하는 것이었다.

회유로 말하면 헤롯은 예루살렘과 예루살렘 성전을 유대인들을 위해 재건했다. 기원전 25년의 대기근 때에는 자기 개인금고를 열어 대량의 곡물을 이집트로부터 수입했다. 기원전 20년경에는 세금도 3분의 1 정도 경감해 주었다.(『유대고대사』 15, 307, 365) 팔레스타인 이외의 여러 도시들에서도 여러 차례 기부를 하거나 인기를 얻기 위한 방책을 썼다. 또 유대인이 있는 곳에서는 그들을 도발하는 행위는 극력 자제했다. 그렇지만 세바스테나 가이사리아 등 헬레니즘적인 도시를 다수 건설하고 수도 예루살렘을 헬레니즘화하는 것은 그 안에서 이교적인 생활이 공공연히 이루어지는 것을 의미했기 때문에 경건한 유대인의 반감을 불러일으킬 수밖에 없었다.(『유대고대사』 15, 267-279; 17, 149-167; 『유대전쟁』 1, 648-655) 나아가서 더 중요한 것은 헤롯이 아무리 대규모 건설사업을 벌이고 회유정책을 쓴다 해도 결국 그것은 유대 농민이 보는 앞에서 그의 타작마당을 온갖 강압적 방법을 동원하여 세금으로 약탈해 간 것이었다. 그 곡식과 돈으로 헤롯은 황제나 유력한 그의 측근들에게 뇌물을 주고 환심을 샀으며, 그가 건설한 화려한 헬레니즘적 도시는 농민들에게는 그림의 떡일 뿐만 아니라 보는 것만으로도 분노의 감정을 불러일으키는 것이었다.

테러를 포함한 저항운동의 싹은 이 무렵 이미 형성되어 있었다. 그렇지만 헤롯에 대한 비판자, 정적은 밀고조직과 비밀경찰에 의해 잔혹하고 철저하게 탄압당했다.(『유대고대사』 15, 366-397) 헤롯의 지배시기에 급속도로 퍼져 나갔던 묵시문학 운동에 비추어 보면, 이 이두매인의 아들은 종말 직전에 도래하는 묵시적 억압자 외에 다름 아니었다.

그러나 헤롯은 억울했을 것이다. 그는 변방의 비천한 가문 출신으로 유대인도 아니면서 하스몬 왕가 출신의 무능하고 탐욕스러운 왕들과는 비교도 안 될 정도로 외교력을 발휘하여 유대인들의 권리를 향상시켰고, 무엇보다도 유대 땅에 어마어마한 토목사업을 벌여 일시적이기는 하더라도 고용효과를 가져왔다. 도시화를 통해 물리적인 부의 양을 확대했다. 이제 유대는 제국의 어떤 영토와도 겨룰 수 있는 발판을 마련했다. 이제 유대는 더 이상 낙후된 반란의 도시가 아니었다. 상업은 발달했고 치안이 확보되었으며 부는 증대되었다. 그리고 예루살렘을 지중해세계 어디에 내놓아도 처지지 않을 만큼 화려하게 치장해 놓았다. 모든 독재자가 그렇듯이 헤롯 역시 목 뒤에 뜨겁게 느껴지는 백성들의 적의를 이해할 수 없었고, 잘난 척하는 랍비들이 자신을 향해 눈을 똑바로 뜨는 모습에 속이 뒤틀리고 아니꼬웠을 것이다.

그가 이루어 놓은 이 눈부신 업적들을 유대인들은 인정하지 않았던 것이다.

3 왕위계승 (요세푸스, 『유대전쟁』 2, 1-116)

독재자는 죽었다. 이제 그의 유언대로 아들 아르켈라오는 하루라도 빨리 왕위에 오르고 싶었지만 황제의 인준을 기다려야 했다. 그는 직접 로마로 가기로 했다. 사실 그는 로마에서 자랐고, 거기에는 그를 아는 유력자들이 많았다. 그러나 불상사가 생겼다. 헤롯이 죽고 나자 그동안 억눌려 왔던 불만들이 봇물 터지듯 터져나온 것이다. 백성들은 젊은 아르켈라오에게 요구사항을 외쳐댔다.

"조세를 감면하라! 판매세를 폐지하라! 구속자를 석방하라!"

로마 치하 유대인들에게는 직접세의 일종이었던 토지세와 인두세, 가옥세가 있었고, 간접세로는 관세와 통행세, 항만세, 시장세 등이 있었다. 이외에도 주민들에게는 인력이나 동물을 징용하는 강제부역augariare의 의무가 부과되었다.(마태 5:41) 타키투스가 언급한 브리타니아의 장군 칼가쿠스의 말은 로마 치하 식민지 어디에나 타당한 말이었다. 그는 이렇게 탄식했다고 한다. "우리의 영토와 재물은 조공 tributum이 되고 땅의 연간소출은 곡물세frumentum가 되고 우리의 몸뚱이와 양 손은 구타와 모욕을 당하면서 숲과 늪을 길로 만드는 데 이용당한다."(*Agricola* 31, 1)

이제 헤롯이 죽자 그 폭압적인 조세부담을 완화해 달라는 요구가 격렬하게 표출된 것이다. 아르켈라오는 백성들의 환심을 사기 위해 일단 요구를 승낙했다. 그러나 상황은 걷잡을 수 없이 발전했다. 예의 그 황금독수리상을 부순 죄목으로 처형당한 사람들의 문제가 불거져 나온 것이다. 백성들은 헤롯에게 끔찍한 고통을 당한 이들은 율법과 성전의 수호자이자 순교자라고 칭송하는 한편, 헤롯과 결탁했던 자들은 처단해야 한다고 소리쳤다. 또 헤롯이 대제사장으로 임명했던 자를 쫓아내고 경건하고 도덕적으로 깨끗한 인물을 선택해야 한다고 주장했다.

아르켈라오는 그런 결정을 감히 황제의 허락 없이 내릴수 없었다. 그렇지만 마침 유월절 기간이라 예루살렘에 모여 있던 수많은 군중들 역시 그에게는 두려운 존재였다. 그래서 그는 비밀리에 부하를 보내 조용히 협상하려고 했지만 흥분한 군중들은 돌팔매질을 해서 그를 쫓아보냈고, 그 후

로도 여러 차례 같은 일을 반복했다. 드디어 분기탱천한 아르켈라오는 군대를 총출동시켜 유대인들이 각종 제사에 열중해 있는 틈을 타 습격했다. 보병들과 기병들은 예루살렘 성내와 성벽 외곽까지 샅샅이 뒤지고 사정없이 칼을 휘둘렀다. 이리하여 삼천여 명이 살해당했다. 유혈이 낭자했던 이 유월절 사건은 아르켈라오의 왕위계승에 도움이 될 리 만무했다. 라이벌이었던 헤롯 안티파스 일당은 재빨리 이 사건을 이용해서 아르켈라오를 황제의 눈밖에 나게 하기 위해 로마에 가서 중상을 하고 다녔다.

황제로 말할 것 같으면 유대의 권력이행기에 재무상황을 정확히 파악할 필요가 있었고, 그는 이미 시리아에 있던 황제의 지방 재정담당관 사비누스를 시켜 헤롯의 재산상황을 파악하도록 해 놓은 상태였다. 그러나 사비누스의 속셈은 따로 있었다. 그는 아르켈라오를 비난하면서 어떻게 해서든 그의 재산을 착복하겠다는 생각밖에 없었다. 그러나 권력이란 본래 전지적 관점을 부여하는 법. 아우구스투스는 멀리 로마에서도 환히 들여다보고 앉아 있었다. 그는 자신의 부하들이 으레 착복해 먹는다는 것쯤은 아예 계산에 넣고 있었고, 사건의 등장인물들인 아르켈라오와 헤롯 안티파스, 사비누스와 시리아 총독 바루스 사이의 긴장관계 역시 잘 알고 있었다. 그는 부하들 사이의 권력관계의 향방과 함께 팔레스타인의 부와 세금액에 대한 전체적인, 그러나 정확한 액수를 파악하고 있었고, 또 그 지역이 전략적으로 중요하다는 사실도 숙지하고 있었다. 팔레스타인은 동방무역의 요충지이자 위험한 파르티아 왕국들과의 접촉지점이었다. 아우구스투스는 자신이 직접 나서지 않고 아그립바의 아들인 젊은 가이우스(또 다른 가이우스인 칼리굴라 황제와는 다른 인물이다)를 세워 유대 왕위계승을 둘러싼 분쟁을 해결하기 위한 회의를 주재하게 한다. 모든 것을 알고 있는 아우구스투스 앞에서 이제 아르켈라오 일당과 헤롯 안티파스 일당은 서로 자신이 유대왕이 될 권리가 있다고 상대방을 비난했다.

그러나 황제가 최종결정을 미루고 있는 사이 시리아 총독 바루스로부터 급박한 소식이 전해졌다. 앞서 예루살렘의 폭동은 아르켈라오가 대량살해를 해서 진압했지만, 이제 반란이 전국적으로 확산되었다.

예루살렘에서는 왕가의 금고에 손을 대려 했던 사비누스가 오순절 축제를 위해 모였던 군중들에게 포위당해 도시 한귀퉁이에 쥐새끼처럼 갇힌 채 도움을 요청하고 있었다. 이두매에서는 헤롯에 의해 면직당했던 2천 명의 병사들이 왕가의 군대를 공격했다. 베레아에서는 스스로 왕이라고 선포한 헤롯의 노예 시몬이 여리고 궁에 불을 질렀고, 도시를 약탈했다. 유대에서도 아트롱게라고 불리는 한 목동이 왕을 참칭하며 특히 로마인들을 공격했다. 그는 방금 전 엠마오 근처에서 예루살렘으로 밀과 무기를 운반하던 분견대를 전멸시켰다. 그리고 갈릴리에서는 히스기야의 아들 유다가 절망적인 무리들을 모아서 세포리스의 왕궁을 습격하고 왕의 무기고를 약탈해서 자기 부하들에게 무기를 나누어 주었다. 그 역시 왕이 되겠다는 야심을 갖고 있었다. 그의 아버지 히스기야는 기원전 47년 헤롯에 의해 처형당한 반란자들의 수령이었고, 유다 자신은 교육받은 서기관이었다.

이 모든 반란행위의 공통점은 도시를 향한 시골 농민들의 공격이라는 점이었다. 이것은 당시 갈등과 착취의 전선이 시골 농촌 대 도시였다는 사실과 관련이 있다. 부의 원천은 오로지 농업생산물이었고, 도시에 사는 왕과 관료, 귀족들은 세금이라는 형태로 농촌으로부터 부를 빨아들이고 있었다. 이 때문에 비참한 상태에서 부채에 시달리던 농민들과 민족주의적인 율법학자들이 연대하는 것은 당연했다. 이른바 민중과 지식인의 연대였다.

이제 황제로부터 질서회복을 명령받은 시리아 총독 바루스는 초토화작전에 나섰다. 네 개의 기병연대를 포함한 두

개의 군단이 동원되었고, 가는 곳마다 징집하여 병사를 충원했다. 헤롯을 증오했던 아랍인 아레타스 왕도 가세했다. 이들은 북쪽으로부터 갈릴리 세포리스, 엠마오까지 가는 곳마다 잿더미로 만들었고, 아랍인 기병대는 마을 곳곳을 약탈하고 주민들을 살해했다. 드디어 예루살렘에 도착한 바루스는 소수의 귀족들만 남아 있는 것을 보고 인근을 수색하여 수없이 많은 사람들을 붙잡아 왔다. 그는 소요에 가담한 정도가 비교적 가벼운 사람들은 감옥에 보내고 깊이 가담한 약 2000명은 십자가형에 처했다.

이 끔찍한 위기에 직면하여 지도자들은 어떤 행동을 취했을까? 지도자들이 으레 그렇듯이 그들은 오로지 자신들의 안전만을 도모했다. 그들은 도저히 아르켈라오를 믿을 수 없었고, 그래서 50명의 대사를 로마에 파송했다. 황제를 알현한 대사들은 헤롯의 범죄를 열거하는 것으로 말문을 열기 시작하여 그 아들 아르켈라오가 저지른 유월절 학살을 비난하고 그가 자기 아비보다도 더 악하게 나오고 있다고 고발했다. 그들의 결론은 그러니 유대를 시리아에 통합시켜 로마의 총독이 직접 통치하게 해 달라는 것이었다. 그들은 이렇게 말했다. "아르켈라오 일당은 우리가 항상 반역하는 전쟁을 했다고 헐뜯을지 모르지만 저희는 정당한 통치자에게

순종하는 법을 알고 있음을 보여드릴 것입니다."

이 요구를 들은 황제가 무슨 생각을 했을까? 유대 지배자들의 압제와 그 밑에서 시달리는 유대인들이 져야 했던 참을 수 없는 조세의 고통을 생각했을까? 아마도 그런 것은 그의 안중에도 없었을 것이다. 그는 모든 것을 그대로 두었다. 다만 그 지배의 구역과 영토의 분할을 달리했다. 행정상으로만 바뀐 것이다. 원래 헤롯 자신의 유언에 의하면 남은 아들 셋 중 아르켈라오는 왕으로서의 권한을 갖고, 헤롯 안티파스와 빌립은 '분봉왕'으로 각기 영토가 할당되었다. 그러나 이제 황제는 헤롯 안티파스와 빌립에 대해서는 유언대로 인정했지만, 아르켈라오에 대해서는 '왕'의 칭호를 허락하지 않았다. 즉 아르켈라오는 왕이 아니라 '민족통치자' ethnarch로서 유대와 사마리아를 차지하고(수입 400달란트), 안티파스에게는 소군주라는 이름으로 갈릴리와 베레아를(수입 200달란트), 빌립 역시 같은 이름으로 바다니아와 트라코닛(수입 100달란트) 등을 받았다.

이제 반란은 진압되고 왕위계승 문제는 일단락된 것으로 보였다. 그러나 예루살렘으로 돌아온 아르켈라오는 불만에 차 있었다. 그는 자신의 왕위계승에 반대했던 유대인들에 대해 원한을 품고 그들과 사마리아인들까지 혹독하게 다루었다. 이에 기원후 6년 유대인과 사마리아인 지도자들은 각각 황제에게 대표단을 보내 그의 해임을 요청했다. 황제는 이번에는 그들의 요청을 수락했다. 아르켈라오는 로마제국 군대의 졸병으로 강등되어 골 지방의 비엔나로 유배당했고, 재산은 모두 국고에 몰수당했다. 로마의 속주가 된 유대와 사마리아는 시리아에 속한 속주로 편입되었고, 가이사리아에 거주하는 기사계급의 총독으로부터 직접 통치를 받게 되었다. 귀족들의 원대로 된 것이다. 이제부터는 '가이사의 것을 가이사에게' 직접 조공을 바쳐야 했고, 상주하는 점령군대를 뒷바라지해야 했다.

첫 유대 총독으로 부임한 사람은 코포니우스였다. 그리고 바루스를 대신해서 그의 상관인 시리아 총독으로 부임한 것은 황제의 친구이자 원로원 의원이었던 퀴리니우스였다. 코포니우스와 퀴리니우스 이 두 사람이 했던 최초의 사업은 당연히 재정수입을 정확히 산정하기 위한 기초자료로서 인구현황을 조사하는 일이었다.(이 인구조사가 누가복음 2장 1~2절에 나오는 퀴리니우스의 주민등록이다. 누가는 예수탄생과 이 인구조사를 관련시키고 있는데 이것은 분명히 연대착오이다. 예수는 헤롯왕 말년, 기원전 4년 무렵 태어났고, 이 인구조사는 기원후 6년에 있었으므로 10년이라는 시간차가 있다.) 이 인구조사는 통상 잔인한 심문을 동반했기 때문에 그 과정에서 폭동이 일어나기도 했다. 그래서 이 두 사람은 고위 제사장들의 지지를 이끌어냈고, 민감한 이 일은 매끄럽게 진행되는 것 같았다. 그러나 이때 다시 히스기야의 아들 유다가 등장했다. 그는 10년 전 헤롯이 죽은 후 일어났던 반란에서 바루스의 공격을 피해 살아남았다. 이번에 그는 사독이라는 한 바리새인과 함께 나타나서 로마인에게 세금을 바치는 것과 주권자이신 하느님 외에 한낱 피조물에 지나지 않는 인간을 지배자로 용인하는 것은 겁쟁이와 같이 비겁한 짓이라고 비난했다.

헤롯왕가의 약화, 로마의 보호령으로 전락한 데 대한 비관, 지배층에 대한 불신 등은 극단적인 신정정치사상이 탄생할 수 있는 비옥한 토양이었다. 그것은 하느님의 나라, 하느님의 통치에 대한 갈망을 불러일으켰다. 메시아 대망과 다윗왕국의 회복에 대한 희망은 사실상 빛나는 미래와 진보에 대한 희망이라기보다 과거로의 회귀를 희망하는 복고적인 사상이었다. 모든 것을 빼앗긴 농민들과 소자산가들, 지식인 율법학자들은 자주 단합했고, 갈릴리의 유다가 죽은 후에도 반란의 불길은 꺼지지 않았다. 결국 66년 마지막 불길이 유대전쟁으로 타올라 모든 것을 삼켜버릴 때까지.

4 민중의 꿈

이 세상을 움직이게 하는 자들은 누구인가? 국가의 수반에 있는 저 강한 자들이 벌이는 행각을 비천한 사람들은 과연 알 수 있었을까? 그들의 권력투쟁이 잠잠해지는 것을 보면서 가슴을 쓸어내리고 전보다 더욱 열심히 일을 붙들었을까? 누군가의 더 큰 이익을 위해서? 어째서 수많은 가난하고 보잘것없는 사람들은 매끈하게 혀를 놀리는 협상가들과 대자본가들의 이익을 위해 언제나 기진맥진해야 하는가?

가난한 자들은 역사를 가지고 있지 않고, 자신들의 행로에 관해 알려줄 자취를 거의 남겨 놓지 않았다. 그러나 얼마 되지 않는 자료들을 통해서도 그들의 삶의 윤곽은 떠오른다. "로마제국에 속한 대부분의 지역에는 극도로 가난하고 땅도 생산수단도 전혀 소유하지 못한 농사꾼들이 큰 무리를 이루고 있었으며, 그들은 재산이 있는 농부, 혹은 도시에 거주하는 대지주의 영지나 라티푼디움에서 날품팔이 노동자나 계절노동자로 일함으로써 목숨을 연명하려 했다."* 고대

---

* G. Alföldy(1984), *The Social History of Rome*, trans. by D. Braund & F. Pollock (Totowa, N.J.: Barnes & Noble, 1985), 123.

로마제국 사회에서 시골 인구 대다수의 삶은 언제라도 굶주림의 늪에 빠져들 수 있는 불안한 삶이었다. 너무나 작은 토지, 흉작으로 인한 비참한 추수, 무엇보다도 소농에게 강요된 과도한 조세와 부채가 그 원인이었다. 3세기 말 기독교 신학자 락탄티우스는 조세등록의 과정과 그 결과에 대해 묘사했는데, 그것은 1세기 초 유대에서의 상황과 크게 다르지 않을 것이다.

일반적으로 불행과 비탄은 인두세와 재산세로부터 시작된다. 동시에 이러한 조세는 모든 지방과 모든 도시에 지정되어 있었다. 조세관리 집단은 전 지역에 퍼져 있었으며 모든 것을 극도의 긴장 속에 몰아넣었다. (…) 그들은 토양에 따라 경작지의 크기를 재고 포도원과 나무들의 수를 헤아렸으며 각종 가축들의 마릿수도 기록했다. 사람들의 수도 모두 적어 놓았다. (…) 마을의 광장마다 수많은 하인들이 넘쳐났다. 모든 사람들이 어린이와 노예를 데리고 거기에 왔다. 고문을 하고 구타하는 소리가 들려 왔다. 아버지를 거슬러 아들을 고문하고 주인을 거슬러 가장 충직한 노예를 고문하고 남편을 거슬러 부인을 고문했다. 만일 이 모든 것이 효과가 없으면 소유자가 자기 자신을 거슬러 고문당했다. 고통이 승리를 거두면 실제로는 존재하지도 않는 재산이 기록되었다. 노약자라고 해서 봐주는 일은 없었다. 질병이 있거나 신체적 결함이 있는 사람들이 끌려 나오고 개별적으로 연령이 평가되었다. 어린아이한테는 나이를 더하고 백발노인에게서는 나이를 뺐다. 모든 것이 비참함과 슬픔이었다. (…) 그럼에도 이른바 평가원들은 신뢰를 받지 못했으며, 거듭거듭 다른 평가원이 파송되었으니 (…) 그러면 처음의 양이 두 배가 되었다. 만일 나중에 온 평가원들이 아무것도 찾아내지 못하면 괜히 허탕을 친 꼴이 되지 않기 위해서 임의로 또 무언가를 덧붙였다. 그 사이에 가축들은 감소하고 사람들은 죽어 나갔다. 그러나 그 죽은 사람 몫의 조세라도 그냥 넘어가지 않았다. 한마디로 말해 사는 것도 죽는 것도 무료는 없었다. 오로지 거지들만, 아무것도 끄집어낼 수 없는 거지들만 남았다. (…) 그러나 보라! 친절한 사람(293~310년 인구조사를 명령했던 갈레리우스 황제를 뜻함)은 이 사람들에게도 자비를 베풀어 그들의 곤궁을 없애주려 했다. 그는 그들을 모두 모아 배에 태우고 바다에 빠뜨렸다. 자신의 통치를 받고 있는 모든 비천한 자들을 이렇게까지 도와주려 하다니 이 사람은 얼마나 자비로운가! 그는 그 어떤 사람이라도 재산이 없다는 핑계로 조세납부를 회피하지 못하도록 했다. 이 과정에

서 그는 인간애와 결부된 모든 계명을 거슬러 정말로 가난
한 사람들을 무수히 살해했다.(Lactantius, *De mort. pers.* 23)*

인구의 대부분이었던 힘없는 농촌 주민들은 항상 최저
생계유지에 대한 염려에 시달렸다. 염려하지 말라는 예수
의 가르침은 이런 맥락에서 이해된다. 예수가 과연 이들에
게 뭘 어떻게 해줄 수 있었겠는가? 메시아를 기대했던 민족
주의자들처럼 앞으로 유대 나라가 해방되어 강대한 민족이
되고 예루살렘이 전 세계의 중심도시로 웅비할 것이라고 설
파했을까? 그 안에서 모든 유대 백성이 잘 먹고 잘살게 되는
청사진을 그려 사람들의 마음을 사로잡았을까? 물론 그런
말을 하는 사람들의 말에 귀를 기울여 무리를 지어 쫓아다
니는 사람들은 많이 있었을 것이다.

그러나 예수의 가르침의 중심을 이루는 것은 그런 것이
아니다. 예수가 가난한 갈릴리 농민들의 마음을 얻을 수 있
었던 것은 미래에 무엇을 어떻게 해주리라는 약속 때문이었
다기보다는 아마도 그와 함께 있다는 사실 자체에서 오는

---

* 에케하르트 슈테게만, 볼프강 슈테게만, 『초기 그리스도교의 사회사』, 97~98쪽에
서 재인용.

기쁨이 가장 컸을 것이다. 예수와 함께 있으면 즐겁고 재미있고 세상살이의 고달픔, 자기비애 같은 것을 날려버릴 수 있고, 저 잘났다는 사람들의 행태가 우습게 느껴졌을 것이다. 무엇보다도 지금 여기서 예수와 함께 있는 것이 즐겁고 기쁜 경험이었을 것이다. 누구 하나 눈길도 주지 않는 내 하소연을 그가 들어주고 나를 알아줘서 고맙고 눈물 나고 그랬을 것이다. 그리고 예수는 그런 바보들끼리 모여서 서로 돕고 의지하며 사는 방법을 가르쳐주었을 것이다. 가난한 사람들끼리 서로 빚을 탕감해 주고 그들 사이에 협동과 우정, 환대의 전통을 되살릴 것을 가르쳤다. 예수가 할 수 있었던 것은 사실은 아주 쉽고 간단한 것, 잘될 터이니 염려하지 말라. 공중의 새를 먹이시는 하느님, 들꽃을 자라게 하시는 하느님. 그분이 너희 편이시니 너희를 먹이시고 입히실 것이다. 염려하지 말라. 이런 말이었을 것이다. 그리고 그가 아는 간단한 의학상식으로 아픈 사람들을 치료해 주고, 보잘 것없는 밥상을 함께하고, 그렇게 함께하는 삶을 통해 사람들에게 삶의 기쁨과 희망을 불어넣어 주었을 것이다. 나날의 삶에 지친 보잘것없는 사람들, 아무도 돌아보지 않는 그들을 한없이 품어주시는 분은 오로지 하느님 한 분뿐이었고, 예수는 그들에게 그 자비로우신 하느님을 인상 깊게 설파했을 것이다. 하느님을 만날 수 있는 사람들, 하느님의 자비를 누릴 수 있는 사람은 가난한 사람들이다. 아마도 유대인들에게 전통적으로 '가난한 사람들'이라는 말이 '경건한 사람들'이라는 뜻을 지녔던 것 역시 이러한 이유 때문이었을 것이다. 갈릴리 농부들은 예수의 이 말을 미래가 아니라 지금 여기 자신들의 삶을 적중시키는 말로 받아들였을 것이고, 그들은 저 잘났다는 사람들에게 더 이상 기대하지 않고 서로 이웃이 되어주며 살 수 있는 길을 찾게 되었을 것이다.

5 므나 비유 (눅 19:12-26)

누가복음에는 헤롯 사후 일어난 일들에 대한 기억을 담고 있는 비유가 하나 나온다. 이 비유는 마태복음에는 달란트 비유(마 25:14-30)로 나오고, 누가복음에는 므나 비유(눅 19:12-26)로 나온다. 달란트와 므나는 둘 다 로마의 화폐단위이지만, 그 크기에 큰 차이가 있다. 일용노동자의 하루 임금을 1데나리온이라고 한다면, 1므나는 100데나리온, 1달란트는 6,000데나리온이다. 그렇다면 마태복음에서 가장 작은 액수인 1달란트를 받은 사람도 누가복음에 등장하는 종의

60배에 해당하는 돈을 받은 것이다. 종들이 받은 돈의 액수만이 아니라 이 두 비유는 비슷한 구조를 지녔으면서도 여러 가지 점에서 차이가 있다.

우선 마태복음에서는 어떤 사람이 여행을 떠나면서 종들에게 능력에 따라 재산을 맡긴다. 한 사람에게는 다섯 달란트, 또 한 사람에게는 두 달란트, 또 다른 한 사람에게는 한 달란트를 주고 떠났다. 다섯 달란트를 받은 사람은 그것으로 장사를 해서 다섯 달란트를 더 벌었고, 두 달란트를 받은 사람도 그렇게 해서 두 달란트를 더 벌었다. 그러나 한 달란트 받은 사람은 가서 땅을 파고 자기 주인의 돈을 숨겼다. 오래 뒤에 주인이 와서 셈을 하게 되었고, 이익을 남긴 앞의 두 종은 칭찬을 받은 반면 한 달란트를 받은 종은 주인에게 나와서 "주인님, 저는 주인님께서 모진 분이어서 심지 않은 데에서 거두시고 뿌리지 않은 데에서 모으신다는 것을 알고 있었습니다. 그래서 두려운 나머지 물러가서 주인님의 달란트를 땅에 숨겨 두었습니다. 보십시오. 주인님의 것을 도로 받으십시오" 하고 말했다. 그러자 주인은 "이 악하고 게으른 종아! 너는 내가 심지 않은 데서 거두고 뿌리지 않은 데서 모으는 줄 알았다. 그렇다면 너는 내 돈을 돈놀이하는 사람에게 맡겼어야 했다. 그랬더라면 내가 와서 내 돈에 이자를 붙여 돌려받았을 것이다. 저자에게서 그 한 달란트를 빼앗아 열 달란트를 가진 사람에게 주어라. 누구든지 가진 자는 더 받아 넉넉해지고, 가진 것이 없는 자는 가진 것마저 빼앗길 것이다. 그리고 저 쓸모없는 종은 바깥 어둠 속으로 내던져 버려라. 거기서 그는 울며 이를 갈 것이다."

반면 누가복음에서는 외국에 가서 왕위를 얻으려는 귀족이 등장한다. 이 귀족은 열 명의 종에게 열 므나를 주고 "내가 올 때까지 이것으로 장사를 하라"(눅 19:13)고 분명히 말한다. 그런데 그 나라 백성은 그를 미워하고 있었으므로 사절을 뒤따라 보내서 "저희는 이 사람이 저희 임금이 되는 것을 바라지 않습니다" 하고 왕위를 줄 이에게 말하게 하였다. 그러나 그 귀족은 왕위를 받아가지고 돌아와서 돈을 맡긴 종들을 불러오게 하여 각각 얼마나 벌었는지 알아보았다. 누가에서는 열 명의 종이 한 므나씩 받았지만, 귀족이 돌아왔을 때 보고하는 것은 역시 세 사람의 종이다. 마태에서와 비슷하게 돈을 늘린 두 사람이 주인에게 보고하고, 주인은 열 므나를 더 번 종에게는 열 고을을 다스리는 권세를 차지하게 하고, 다섯 므나를 더 번 종에게는 다섯 고을을 다스리는 권세를 상으로 준다. 두 사람에 이어서 세 번째 사람이 등장해서 말한다. "주인님, 보십시오. 주인님의 한 므나가 여기에 있습니다. 저는 이것을 수건에 싸서 보관해 두었습니다. 주인님께서 냉혹하신 분이어서 맡기지 않은 것을 찾아가시고 뿌리지 않은 것을 거두어 가시기에 저는 주인님이 두려웠습니다." 그러나 주인이 그에게 말한다. "악한 종아, 나는 네 입에서 나온 말로 너를 심판하겠다. 내가 냉혹한 사람이어서 맡기지 않은 것을 찾아가고 뿌리지 않은 것을 거두어 가는 줄 알고 있었다는 말이냐? 그러면 어찌하여 내 돈을 은행에 예금하지 않았느냐? 그랬더라면 내가 돌아와서 내 돈에 이자를 붙여 되찾았을 것이다." 그리고 그는 곁에 서 있는 사람들에게 "저자에게서 그 한 므나를 빼앗아서 열 므나를 가진 사람에게 주어라." "내가 너희에게 말한다. 누구든지 가진 자는 더 받고, 가진 것이 없는 자는 가진 것마저 빼앗길 것이다. 그리고 내가 저희들의 임금이 되는 것을 바라지 않은 그 원수들을 이리 끌어다가 내 앞에서 죽여라."

누가복음의 본문에는 확실히 아르켈라오의 왕위계승과 관련한 이야기가 한데 합쳐져 있다. 마태와 누가 본문은 차이점이 많이 있지만 핵심적인 부분에서는 일치하고 있다. 그리고 그중에서도 가장 눈에 띄는 공통점은 주인과 세 번째 종 사이의 대화이다. 마태와 누가에서 이들은 거의 똑같은 말을 주고받는다. 이 비유의 '주인'은 자신에 대해 종이

하는 말을 단호하게 부정하지 않는다. 주인은 종이 묘사하는 대로 냉혹하고 돈밖에 모르는 사람이다. 그것이 사실이라는 점은 이어지는 그의 잔혹한 행동을 보더라도 알 수 있다. 분명한 것은 여기서 그려지는 주인의 냉혹하고 잔인한 모습은 이 비유에 나오는 주인을 하느님과 동일시할 수 없게 만든다는 점이다. 따라서 비유 마지막 부분에 나오는 주인의 말, "누구든지 가진 자는 더 받고, 가진 것이 없는 자는 가진 것마저 빼앗길 것이다"라는 말 역시 예수가 이 비유에서 적극적으로 전하고자 했던 의미라고 보기 어렵다. 아마도 그 말은 '빈익빈 부익부' 같은 말처럼 당시 떠돌아다니던 말이었는데 예수가 직접 인용했거나, 아니면 전승의 어느 단계에선가 이 비유 안에 들어오게 되었을 것이다.

두 복음서의 비유에 나타나는 또 다른 공통점은 둘 다 이자에 대해 언급하고 있다는 점이다. 오늘날 슈테게만 같은 학자들은 이 비유를 이해하는 데 있어서 이자 문제의 중요성을 지적하고 있다.* 사실 이 비유를 읽을 때 오늘날의 독자들을 걸려 넘어지게 만드는 것이 바로 이자에 대한 당시의 생각과 오늘날의 생각 사이의 차이이다. 이윤추구를 경

---

* 앞의 책, 46~48쪽.

제행위의 가장 기본적이고 합리적인 동기로 보는 현대인의 눈에 이 비유의 세 번째 종처럼 돈을 보물처럼 간직해 두는 것은 어리석기 짝이 없는 행동이다. 그러나 일종의 제로섬 게임을 하는 사회인 전통사회에서 이윤추구는 경제행위의 중심동기가 아니었고, 칼 폴라니가 말했듯이 경제는 경제외적인 다양한 동기들에 묻혀 있었다.

전통사회에서 이윤추구 행위나 장사는 별로 좋은 평판을 얻지 못했다. 게다가 이처럼 돈을 밭에 감추어 두거나 어딘가에 숨겨 두는 것은 당시 농민들 사이에서는 흔히 있는 행동이었다. 복음서 안에서도 밭에 감추인 보화(마태 13:44)를 발견하는 비유는 이러한 습관을 배경으로 하고 있다. 우리나라에서도 불과 수십 년 전만 해도 장롱 속이나 비닐장판 밑, 항아리, 땅 속에 돈을 묻는 행동을 흔히 볼 수 있었다. 은행이 일반화되지 않았던 전통사회에서 아마도 그렇게 하는 것이 돈을 안전하게 지킬 수 있는 가장 확실한 방법이었을 것이다.

이런 상황에 비추어 보면 달란트 비유, 또는 므나 비유는 매우 특이하다. 여기에는 오늘날처럼 이윤의 극대화에 대한 관심이 뚜렷이 나타나기 때문이다. 그것은 당시 유대 농민들의 가치관과는 전혀 맞지 않는 것이었다. 그들로서는 주인이 맡긴 돈을 밑천으로 장사를 해서 이윤을 남긴 종이 상을 받고, 땅에 묻거나 수건에 싸 놓았던 종이 벌을 받는 것을 받아들이기 힘들었을 것이다. 반면 오늘날 현대인은 이 비유를 들었을 1세기 팔레스타인의 농부들이 주인의 행동에 대해 얼마나 불만스러워했을지 상상하기 힘들다.

이 주인의 행동은 당시 농촌사회의 삶의 규범과도 배치되고, 더 중요하게는 율법의 이자금지 규범에도 위배된다.(출 22:25; 신 23:19) 레위기 25장 36~37절에서는 다음과 같이 엄숙하게 명령하고 있다. "이자를 받아서도 안 되고, 어떤 이익을 남기려고 해서도 안 된다. 네가 하느님 두려운 줄을 안다면 너의 동족을 너의 곁에 데리고 함께 살아야 한다. 너는 그런 사람에게 이자를 받을 목적으로 돈을 꾸어주거나 이익을 볼 셈으로 먹을거리를 꾸어주어서는 안 된다. 나는 너희의 하느님이 되려고 너희에게 가나안 땅을 주고 너희를 이집트 땅에서 이끌어낸 주 너희의 하느님이다." 포로기 예언자였던 에스겔은 이자취득을 불의요 폭력이라고 보았다.(겔 18:8-9, 13, 17) 이윤을 남기는 사람이 아니라 "이자를 받으려고 돈을 꾸어주지 않으며, 무죄한 사람을 해칠세라 뇌물을 받지 않는 사람"(시 15:5)이 모범적인 사람이었다. 구약성서에는 이처럼 돈놀이를 금지하고 이자 받는 것을 금지하는 규정이 넘쳐난다.

　이러한 이자금지 규범은 절대다수를 차지했던 가난한 소
농의 빈곤화를 막기 위한 전통사회의 지혜였을 것이었다.
일종의 제로섬 게임을 했던 당시 농촌사회에서는 가난한 이
웃의 돈으로 이윤추구 행위를 하는 것은 마을공동체의 호혜
적 삶의 원리, 상호적 분배체계에 어긋나는 일이었을 것이
다. 그것은 사람들 위에서 권세를 부리는 자들, 헤롯과 그의
가족, 권력의 수반에 있는 자들이 하는 짓이다. 이 점은 누가
복음에서 이윤을 낸 종들이 상으로 열 고을, 다섯 고을을 다
스리는 권세를 받았다는 데서 더 분명하게 드러난다. 그것
은 당시 사회의 지배자들, 헤롯과 아르켈라오, 안티파스, 그
리고 로마 황제로 대표되는 세계에서 벌어지는 일들이다.
그들은 저렇게 산다. 어디서 어떻게 강탈했는지 모를 돈으
로 이득을 얻기에 혈안이 되어 있고, 목적을 달성하지 못할
때에는 불쌍한 대리인을 두들겨 팬다.

　그러므로 이 비유에 나오는 어떤 사람(마태), 왕위를 받으
러 간 귀족(누가)의 행동은 모범으로 제시된 것이 아니다. 그
들이 하느님에 대한 비유인 것은 더더욱 아니다. 그리고 그
들이 칭찬했던 두 종의 행동 역시 따라야 할 모범으로 제시
된 것이 아니다. 예수는 이 비유에서 저들이 어떻게 사는지,

세상을 움직인다는 사람들이 어떻게 세상을 지옥으로 만드는지 보여주고 있다. 그것은 비유를 듣고 있던 농민들의 호혜적인 삶과는 전혀 다른 삶의 모습이었다. 예수는 딴 세상의 삶을 보여주었다. 아마 그는 이렇게 말하고 싶었을 것이다. 이게 세상을 움직인다는 강도들이 사는 모습이다. 그렇게 사는 것이 부러운가? 너희도 저들처럼, 저들과 어울려 살고 싶은가? 그랬다간 가진 것마저 빼앗기고 내쫓긴 사람 신세가 될 것이다. 아니면 배워온 대로, "땅과 그 안에 가득 찬 것이 모두 다 주님의 것, 온 누리와 거기에 살고 있는 그 모든 것도 주의 것"(시 24:1)이라는 말씀대로, 즉 땅과 그 안에 있는 모든 것이 온 백성을 위해 주어진 것이라는 말씀대로 살 것인가? 그러려면 이자를 받아서는 안 되고 고리대금업도 하지 말고, 이웃을 억압하고 착취하는 짓 따위도 해서는 안 된다. 아마도 이것이 이 비유를 통해 예수가 적극적으로 하고 싶었던 말이었을 것이다.

그렇다면 이 비유를 일종의 생활률로 만들어버린 통속적 해석, 즉 마태복음의 '달란트'라는 말에 근거해서 우리가 받은 달란트, 각자의 재능이 얼마이든지 불평하지 말고 감사하게 받아서 열심히 노력해서 늘려 가야 한다는 해석은 이 비유의 핵심과는 거리가 멀다. 무엇보다도 그렇게 해석하려면 이 비유에 나오는 주인과 이윤을 남긴 두 종의 행동을 모범적인 것으로 보아야 하는데, 그럴 경우 하느님을 이 비유에 나오는 주인처럼 "심지 않은 데서 거두고 뿌리지 않은 데서 모으는" 냉혹한 존재로 만들게 되고, 또 예수가 가난한 자들을 위해 이자 받는 것을 금지한 구약성서의 하느님을 무시하는 발언을 한 것으로 만들어버리기 때문이다. 그런 해석은 잘해야 '생활의 지혜' 같은 것은 될 수 있을지언정 예수의 가르침과는 거리가 멀다.

요한의
성령 이야기,
하느님의
사랑 이야기

1 거듭남

인간은 늘 만남의 예감 속에서 산다. 물방울 하나에 바다의 기억이 어려 있듯이 원래 내가 속해 있던 더 큰 나에 이르고자 하는 열망을 안고 산다. 그것은 너를 통해 닫힌 나로부터 벗어날 수 있으리라는 예감이요, 열망이다. 끊임없이 현존재에 대한 항의의 목소리가 내면으로부터 들려온다. 자신으로부터 벗어나서 다른 사람이 되고, 그에게서 고유한 나를 발견하기까지 내면의 항의는 멈추지 않는다. 모든 꿈과 환상은 타인이 되려는 노력이 아닐까?

그러나 닫힌 나로부터 벗어나 스스로 예감했던 넓고 높은 존재로 되는 일이 정말 가능할까? 자신으로부터 벗어나 타인이 되려 하지만 언제나 실망스럽게도 자기 자신을 다시 발견하게 되는 것이 아닌가? 끈질기게 발목을 잡아당기는 옛 나에게서 벗어나 새로운 존재가 되어 이제 비로소 나는 내가 예감했던 존재로 되었다고 말할 수 있게 되는 일은 내 안에서 일어나지 않는다. 내 옆구리에 퇴화된 못생긴 날개가 하나 달려서 나를 자꾸 간지럽게, 날고 싶게 할 뿐 정말 날지는 못한다.

대자연 속으로 침잠해 보는 것은 어떨까? 흐르는 강물에 한 마리 물고기가 되고, 망망대해에 떨어지는 빗방울 하나가 되는 것은 어떨까? 어차피 내가 거기서 왔으니 저 흙 속에, 저 바람결에 나를 묻는 것으로 자족해야 하지 않을까? 숲의 바람소리에, 석양의 노을에 나를 실어보는 것도 좋다. 그 속에서 모든 것이 무너지고 새로 태어나는 자궁을 발견할 수는 없을까? 그러나 이것도 공허하다. 매혹의 순간이 지나자마자, 감격의 순간이 지나자마자 모든 낡은 것들이 내게 다시 찾아오고, 나는 여전히 과거의 나이기 때문이다. 언제나 똑같은 환멸이다. 언제나 출발점의 나 그대로이다. 곤궁이다.

어떻게 이 곤궁에서 벗어날 수 있을까? 곤궁은 기적을 꿈꾸는 자리이기도 하다. 성서는 이 곤궁을 다시 태어남이라는 말로 표현한다. 그것은 불가능의 가능성이다. 그것은 마치 모태로부터 새로 태어나는 것과도 같이 불가능한 일이면서 동시에 새로 태어나야만 가능해지는 인간 삶의 비약적 차원을 말하는 것이다. 그리고 하느님의 영과 숨을 통해서만, 거룩한 하늘바람이 불어야만 새로 태어나는 일은 가능하다고 성서는 말한다. 사무엘상에서 예언자 사무엘은 젊은 사울에게 이렇게 말한다. "그때 야훼의 기운이 갑자기 내리 덮쳐…… 그대도 그들과 함께 신이 들려 아주 딴 사람이 될 것이오."(삼상 10:6) 요한복음서에서 예수는 니고데모에게 말한다. "누구든지 다시 나지 않으면 하느님나라를 볼 수 없다."(요 3:3) 그리고 이것은 인간적인 새로 태어남으로 끝나는 것이 아니라, 만물의 새로워짐으로 이어진다. 시인은 이렇게 노래한다. "보내시는 당신 얼에 그들은 창조되어 누리의 모습은 새롭게 되나이다."(시 104:30) 만물이 "사멸의 종살이에서 해방되어 하느님의 자녀가 누릴 영광된 자유를 얻기까지" "이제까지 함께 신음하며, 해산의 고통을 함께 겪고 있기"(롬 8:21-22) 때문에, 우리와 함께 신음하고 고통 당해 온 만물이 우리와 함께 다시 태어난다.

동시에 그 일의 어려움도 역시 말해진다. 니고데모는 이렇게 묻는다. "어떻게 이런 일이 있을 수 있습니까?"(요 3:9) "사람이 늙은 뒤에, 어떻게 다시 태어날 수 있겠습니까? 어머니 뱃속에 다시 들어갔다가 태어날 수야 없지 않습니까?" (3:4)* 그렇기 때문에, 불가능의 가능성이기 때문에 이 일은 온전히 신비이다. "육으로 난 것은 육이요, 영으로 난 것은 영이다. 너희가 다시 태어나야 한다고 내가 말한 것을, 너희는 이상히 여기지 말아라. 바람은(영은) 불고 싶은 대로 불고, 너는 그 소리는 듣지만, 어디에서 와서 어디로 가는지는 모른다. 성령으로 태어난 사람은 다 이와 같다."(3:6-8) 여기서 일어나는 일은 신비이다. 겉으로 드러나는 것만을 보는 자는 이 내면의 신비를 꿰뚫고 들어가지 못한다.

2 상처받은 독수리

요한복음서에 대한 전통적 상징은 독수리였다. 하늘 높이 비상하여 날개를 수평으로 활짝 펼친 채 조용히 정지한 듯 나는 독수리. 이 모습은 요한복음서의 영적인 특징과 잘 어울리며, 이 점에서 독수리는 요한복음서와 잘 어울리는 상

---

* 이 글에서 성서 문헌 출처를 밝히지 않고 장과 절만 적은 것은 모두 요한복음서 인용이다.

징이라고 할 수 있다. 요한복음서는 자주 영적인 복음서라고 일컬어졌다. 이것은 무엇보다도 요한복음서에 나타나는 그리스도의 모습이 그리스도의 신적이고 천상적인 차원에 강조를 둔 '위로부터의 그리스도론'high christology 형태를 띠고 있기 때문일 것이다. 케제만Ernst Käsemann의 표현을 따르면 요한의 그리스도는 "지상을 걸어다니는 하느님"의 모습을 하고 있다. 오늘날 기독교 신앙과 신학에서 이것은 아주 당연하게 여겨지지만, 이런 생각과 확신을 최초로 복음서의 형태로 아주 대담하게 기술하고 있는 문헌이 요한복음서이다. '말씀'은 태초부터 계셨고, '하느님'이셨으며, 바로 그 '말씀'이 '육신'이 되셨다는 것이다. 요한은 예수 그리스도의 역사적이고 인간적인 차원을 배제하지는 않았지만, 신약성서의 어떤 저자보다도 예수와 그의 가르침을 영적으로, 내면적으로 깊이 있게 해석해 냈다.

요한복음서의 이러한 영적 경향은 흔히 공관복음서(마태/마가/누가복음서)와 대조되는 것으로 이해되었다. 공관복음서가 역사적 예수의 삶을 역사적으로 서술한 '육'의 복음서라면, 요한복음서는 말씀의 복음서, 영적이고 신학적인 복음서라는 것이다. 더욱이 요한복음서의 단순하면서도 추상적인 언어들로 인해 요한복음서의 영적인 성격은 쉽게 추상성으로 이해되었다. 그리하여 요한복음서의 추상적 사유의 기원이 어디인지, 그러한 추상화의 기본 원리가 무엇인지 밝히는 것이 그동안 요한 연구의 주요 관심사였다. 그러나 오늘날 요한복음서 연구 분야에서 눈에 띄는 진전은 요한공동체에 대한 연구를 통해 이루어졌다. 요한공동체가 연루되었던 당대 유대교와의 갈등과 회당축출이라는 뼈아픈 경험이 요한복음서의 예수 이야기들에 어떻게 반영되었는지, 요한이 예수 이야기를 하면서 사실은 자기 공동체의 이야기를 풀어 나간 문학적 기법들은 어떤 것이었는지가 밝혀졌다. 요한복음서가 쓰여진 사회적·역사적 상황, 그리고 요한공동체가 연루되었던 갈등들을 밝힘으로써 요한 해석의 새로운 가능성이 열리게 된 것이다. 이러한 가능성은 영적인 복음서로서의 요한복음서에 대한 이해와 상반되는 것이 아니라, 최초의 요한복음서 독자들이자 요한적 사고의 주체들이었을 요한공동체의 영적 경험과 고백의 과정을 보다 실물적인 형태로 볼 수 있게 함으로써 영적인 복음서로서 요한복음서에 피가 흐르고 살이 붙게 할 것이다.

브라운R.E. Brown은 "요한의 독수리는 지상으로부터 높이 날아오르더라도 싸움을 위한 발톱을 드러내고 날아오른다"고 말했다. 이 말은 요한복음서의 영적 특성의 일면을 잘 드러내준다. 요한복음서가, 그리고 요한공동체가 영적이라는 것은 무엇을 말하는가? 고요한 반성을 즐기거나 영적 열광주의의 만족 상태에 있다는 것인가? 우리가 이 복음서로부터 심오한 영적 통찰과 그리스도에 대한 깊은 진리를 얻을 수 있는 것은 사실이지만, 우리에게 힘을 주는 이 복음서의 깊은 영적 체험의 세계는 요한공동체의 삶과 투쟁을 통해 형성되었다. 요한공동체의 삶은 역사와 긴밀하게 관련되었으며, 주변 세계와 능동적으로 연루되었다. 요한공동체는 적대적인 세상 한가운데서 그리스도에 대한 증거의 삶을 살았고, 이러한 증거의 삶을 통해 그들의 영적 체험은 구체적인 육의 형태를 얻었다. 요한의 독수리는 드높고 깊은 영적 하늘을 향해 까마득히 비상하지만, 이미 지상의 싸움에서 상처받은 독수리이며, 그 독수리는 지상에 대한 지칠 줄 모르는 애정과 기대를 안고 다음번 착륙을 기대하며 하늘로 솟구친다.

3 요한공동체

요한은 신약성서의 어느 저자보다도 그리스도라는 신비

의 세계에 몰두한다. 무엇이 신비인가? 예수 자신이 신비이다. 예수 안에서 두 세계가 충돌하고 있기 때문에 그는 신비이다. "당신은 사람이면서, 자기를 하느님이라고 하였소"(10:33)라는 유대인들의 비난은 사실 정확하게 요한복음서의 예수의 모습과 맞아떨어진다. 단지 이것을 유대인들처럼 신성모독으로 보는가, 아니면 하느님의 참된 계시로 보는가가 문제이다. 이것을 계시로 보려면 하느님의 바람이, 성령의 바람이 불어야 한다. 신비를 알려면 신비가 내 안에 들어와서 의사소통의 기적을 일으켜야 한다.

요한복음서에 등장하는 예수의 대화상대자들은 이러한 신비의 세계와 마주하고자 하는 독자들을 대변한다. 니고데모(3장), 사마리아 여인(4장), 나면서부터 눈먼 사람(9장), 이들은 모두 하느님의 신비인 예수를 알고자 하며, 그러한 신비의 세계에 알려지기를 원한다. 그러나 이들이 예수와 나누는 대화를 보면 대화상대자들 사이에 동일한 의사소통의 체계를 사용하는 정상적인 대화라기보다는, 각기 언어의 다른 차원에서 이야기하는 불교의 선문답을 떠올린다. 하느님의 언어가 인간의 언어를 뚫고 들어올 때 생기는 균열과 모순 같은 것들이 대화 전체를 지배하고 있다. 그래서 요한복음서의 대화들을 읽을 때 독자들은 상호적인 의사소통의 부재, 단계적인 인식의 부재에 당황하게 된다. 요한복음서에 등장하는 예수의 대화상대자들은 종국에는 예수라는 신비의 일단을 깨닫게 되지만, 그것은 결코 대화의 진전에 따른 단계적인 인식에 의한 것이 아니다. 그리고 예수라는 신비를 알고자 하는 그들의 열망에 비하면 그 깨달음의 내용은 지극히 불완전하고 속도는 더디다. 오직 영에 의해 다시 태어나야만 그 신비 안에 들어가게 된다.

요한은 세상으로부터는 실질적으로나 논리적으로나 하느님께 가까이 갈 수 있는 길이 없다는 비극적 확신을 가지고 있었고, 아마도 이 확신을 니고데모 대화에서 "위로부터, 다시"$\alpha\nu\omega\theta\epsilon\nu$* 태어난다는 말로 표현했을 것이다. 참되고 전적인 새롭게 됨은 모든 인간적인 가능성들을 벗어난다. 인간 자신이 스스로 만들 수 있는 것은 전적으로 "옛 것"이며, 인간은 옛 재료들로만 작업하기 때문에 새로운 기원을 만들어낼 수 없다. 요한은 분명히 이러한 불연속성을 표현하기 위해 위로부터 남, 거듭남에 관한 은유를 사용했을 것이다. 예수 편에 서기 위해 인간은 질적으로 다른 사람이 되어야 한

---

* $\alpha\nu\omega\theta\epsilon\nu$이라는 단어는 잘 알려져 있듯이 '위로부터', '다시'라는 이중 의미를 지닌 단어이다. 그리스어 이외의 언어로는 이러한 이중 의미를 표현해 내는 것이 불가능하다.

요한의 성령 이야기, 하느님의 사랑 이야기

다. 니고데모와의 대화에서(2:23-3:21) 거듭남에 대한 예수의 말은 니고데모가 안전하게 그 위에 서 있다고 생각하는 확고한 토대를 뒤흔든다.

나아가서 이 위로부터 남, 거듭남은 요한공동체의 뼈아픈 박해의 경험 속에 구체적인 삶의 자리를 가진다. 요한복음서는 신약성서의 어떤 문서보다도 유대인을 부정적으로 묘사하고 있다. 그들은 예수를 찾아 죽이려 한다.(5:18; 8:59) 유대인들에 대한 두려움 때문에 제자들은 틀어박혀 있고(20:19), 예수는 유대인들을 향해 그들의 조상은 악마라고(8:44) 비난한다. 요한복음서에서 '유대인'이라는 말은 그리스도를 받아들이지 않는 불신앙의 대표자들로서 상징적인 의미를 지닌다. 어째서 요한은 예수를 반대하는 사람들, 하느님을 반대하는 세상을 묘사하는 데 '유대인'이라는 표현을 선택했는가? 거기에는 요한공동체와 유대교 사이의 긴장관계가 중요한 요인으로 작용했다.* 일반적으로 요한복음서는 90년대 말 씌어졌다고 보는데, 요한공동체가 70년 이후 유대 회당의 이단추방 정책에 의해 회당공동체로부

---

* 요한공동체와 유대당국 사이의 갈등에 대해서는 J. L. Martyn, *History and Theology in the Fourth Gospel* (Nashville: Abingdon Press, 1979) 참조.

터 쫓겨나는 경험을 했다는 데 대해서 학자들 사이에 의견의 일치가 이루어져 있다. 이 정책은 70년 유대전쟁 이후 유대교 재건 과정에서 자기정체성을 재정립하기 위해 시행되었다. 당시 유대인들의 눈에 요한 그리스도인들은 이단이었고, 따라서 이 대책의 대상이 되었다. 요한공동체는 이 정책으로 인해 심한 타격을 받았다.(9:22; 16:2) 그들은 랍비 유대교로부터 쫓겨나면서 종교적으로만이 아니라 경제적으로도 고립되었다. 회당공동체로부터의 추방은 곧 민족공동체로부터의 추방이었으며, 법적인 불확실성과 경제적인 어려움 속에 빠지는 것을 의미했다. 또한 그것은 로마 점령세력과의 관계에도 영향을 끼쳤다. 회당으로부터 쫓겨난 그리스도인들은 로마 당국 아래서 아무런 보호도 받을 수 없었다. 그들은 회당에 의해 잠정적인 선동자로 고발당하는 것이나 다름없었다.

이러한 요한공동체의 뼈아픈 경험과 관련해서 보면 '거듭남'은 요한적인 상징세계의 폐쇄성을 보여준다. 외부인으로서는 이 공동체에 접근하고 그들의 확신에 찬 논리를 이해한다는 것이 불가능하다. 왜냐하면 그것이 그들에게는 새로운 출생의 기적, 다시 말해 새로운 상징체계가 되었기 때문이다. 요한은 두 세계, 즉 종교적으로 말하자면 신적 세계와

121

인간적 세계, 그리고 사회학적으로 말하자면 요한공동체와 외부세계 사이의 대립과 불연속성을 누구보다도 뼈아프게 인식하고 있었기 때문에, 그가 그리는 신비와 상징들이 나직한 슬픔의 색조를 지니고 있는지도 모른다. 둘 사이에는 의사소통이 이루어지지 않는 소리 없는 침묵의 벽이 가로놓여 있다. 그 벽을 사이에 두고는 생선을 주어도 뱀이 되어 돌아오며, 떡을 주어도 돌이 되어 돌아온다. 요한은 아무리 아름다운 말을 전해 주어도 쓰디쓴 비난의 메아리로 되돌아오는 이 침묵의 벽을 뼈저리게 의식하고 있다. 단순하면서도 불가사의한 요한의 언어들은 이러한 뼈아픈 의식의 단련 속에서 연마된 결정체이다.

4 완전한 사랑

그러나 늘 의사소통이 단절되고 친밀한 관계의 수립이 불가능한 것만은 아니다. 요한은 여전히 일치를 꿈꾸며, 하나 됨의 환상, 완전한 사랑의 환상 속에서 산다. 요한의 예수는 "나는 포도나무요, 너희는 가지다"(15:5)라고 말한다. 또한 "내가 너희에게 명한 것을 다 행하면 너희는 내 친구다"

(15:14)라고도 말한다. 포도나무와 가지는 분리된 별개의 존재가 아니라 하나다. 이것은 예수와 제자들의 친밀성을 극대화한 표현이다. 또한 예수가 제자들을 가리켜 친구라고 했을 때, 그것은 상대방을 위해 목숨을 버릴 수 있는 크나큰 사랑의 관계를 가리킨다.(15:13) 그리고 이러한 일치와 하나됨의 근저에는 "나와 아버지는 하나다"(10:30)라는 근본적인 인식이 깔려 있다. 이러한 친밀성과 하나됨을 말하는 본문들은 주로 마지막 떠나는 예수가 제자들에게 말하는 고별담론에 나타난다. 그리고 이 대목에서 영에 대한 요한의 독특하고도 불가사의한 칭호인 '파라클레토스'(보혜사)가 나온다.* 영/'파라클레토스'에 의해 이러한 일치와 하나됨이 가능해진다. 이 일은 어떻게 일어나는가?

신약성서에 의하면 신자들의 영 체험은 주로 박해상황과 관련되어 있다. '열둘'의 선교는 거부당하고 박해받을 것이며(마 10:14 이하), 박해는 재판을 통해 이루어질 것이다. 그리

---

* παρακλητος는 요한복음서에서 네 번(14:16, 26; 15:26; 16:7), 요한일서에 한 번(2:1) 나온다. 원래 παρακαλεω('부르다')라는 동사의 분사로서 παρακλητος는 부름 받은 사람을 지칭하는 수동적 의미를 지닌다.(παρακεκλημενος) 명사로서 이 말은 흔히 법정에서 조력자로, 변호자로 부름 받은 사람을 가리킨다. Behm, *Theological Dictionary of the New Testament*, ed. by G. Kittel and G. Friedrich, trans. and ed. by G. Bromiley, vol. 5 (Grand Rapids: Eerdmans), 801 참조.

고 영은 재판상황에서 제자들의 증거를 돕는다.(마 10:20; 막 13:11; 눅 21:12) 사도행전에서도 예수가 죽은 뒤 두려워 떨고 있던 제자들을 담대한 선교자로 만든 것은 성령이었고, 영 체험은 박해에 대한 두려움과 관련이 있다.(행 1:8) 이것은 예수의 선교활동에 대한 적대감이 늘 있었음을 의미하며, 나아가서 초대교회가 영을 느끼고 체험하게 된 것은 재판을 통해 이루어진 극한적인 박해의 상황이었음을 시사한다.

요한은 영에 대해 기술할 때 재판상황에 기원을 둔 독특한 칭호인 '파라클레토스'라는 말을 사용했고, 이 말은 요한복음서의 고별담론에서 집중적으로 나온다. 요한공동체는 유대회당으로부터 박해를 받았고, 그 박해는 흔히 재판을 통해서 이루어졌다. 그들은 재판정에 서서 자신을, 그리스도를 변호해야 했다. 그리고 요한복음 15장 26~27절에 의하면 이러한 박해의 상황에서 힘을 주는 분이 '파라클레토스'였다. 요한복음서의 고별담론에서 예수는 세상이 제자들을 증오하고 박해할 것이지만, 그러한 역경에도 불구하고 '파라클레토스'가 계실 것이라고 한다. 요한의 예수는 자신이 떠나고 난 뒤 닥칠 박해의 상황을 제자들이 잘 견디도록 하기 위해서 또 다른 나를 보내줄 것이라고 하는데, 그가 곧 '파라클레토스'이다. 이것은 요한공동체의 영 체험의 자리가 어디였는지 시사해 준다.

고별담론에 의하면 제자들을 떠난 후 그리스도가 인격적으로 제자들과 함께하는 방식이 육체적인 것에서 '파라클레토스'의 형태로 바뀌게 된다. 그렇다면 '파라클레토스'는 공동체가 예수 없이 예수와 함께 살 수 있게 하는 영이며, 바로 예수 자신에 다름 아니다. '파라클레토스' 안에서 공동체는 역사적 예수를 과거의 죽은 예수가 아니라 살아 숨쉬는 현재적 예수로 경험한다. 고별담론에서 예수는 영이 다른 어떤 존재가 아니라 바로 자기 자신임을 보여주고, 또 자신이 다시 온다고 약속한다. 이러한 표현은 요한공동체가 현재 자신들의 삶 속에서 경험하는 영의 현존을 그리스도의 현존으로 느낄 수 있었기 때문에 가능했을 것이다.

본래 신약성서 저자들은 '영'을 표현할 때 '프뉴마'라는 중성명사를 사용했다. 이 말은 원래 '영', '바람'을 뜻하며, 인간을 사로잡고 변화시키는 신적 힘을 나타내는 것으로서 그리스도의 인격과 직접 관련되지는 않았다. 그러나 요한은 법정에서의 '변호자'를 뜻하는 남성명사 '파라클레토스'라는 말을 사용해서 영을 인격적 존재로 묘사했고, 그렇게 함으로써 영과 그리스도를 동일시할 수 있는 가능성을 확보했다. 요한에 의하면 '파라클레토스'는 십자가에서 올리운 후

영의 형태로 현존하는 그리스도, 즉 영 그리스도이다. 예수가 떠나고 없는 상황에서 공동체 구성원들 안에 현존하는 영적 그리스도인 것이다.[*] 나아가서 요한은 본래 이 말이 지니고 있던 피고 측 변호자라는 의미를 넘어서 고발하는 검사, 위로자, 권면자 등 다양한 기능을 포괄하는 독특한 언어로 이 단어를 사용했고, 그렇게 함으로써 예수 사후 예수의 부재 속에서 예수의 현존을 경험하는 요한공동체의 영 체험의 다양한 측면들을 기술할 수 있었다.

또한 요한은 이렇게 '파라클레토스'라는 말로 영을 지칭함으로써 요한복음서 안에 자주 나타나는 예수의 재판이라는 문맥 안으로 요한공동체의 재판상황을 끌어들였다. 말하자면 재판과 관련된 '파라클레토스'라는 말로 영을 묘사함으로써 요한공동체의 영 체험을 예수의 재판상황이라는 복음서의 문학적 장치 안으로 끌어들인 것이다. 그래서 요한

---

[*] 그래서 영/파라클레토스는 또 다른 예수로서 예수와 비슷한 인격적 모습을 하고 있다. 예수 없는 상황에서 예수의 현존을 대신하는 존재로서 파라클레토스는 그리스도와 유사한 성격을 지녀야 했기 때문이다. 예수가 아버지로부터 왔다면(6:57) 파라클레토스도 그렇다.(15:26) 예수가 보냄을 받았다면(3:17) 파라클레토스도 그렇다.(16:7) 파라클레토스가 진리의 영이라면 예수는 진리이다.(14:6) 파라클레토스가 거룩한 영, 곧 성령이라면, 예수는 하느님의 거룩한 자이다.(6:69) 세상이 파라클레토스를 받아들일 수 없듯이(14:17) 악한 사람들은 예수를 받아들이지 못한다.(5:43; 12:48)

공동체의 재판과 예수의 재판이 마치 중첩되는 듯한 인상을 주고, 요한공동체는 예수의 재판 이야기를 자신들의 재판 이야기와 동일시하며 읽었을 것이다. 그들은 지금 자신들이 받고 있는 재판과 박해는 예수의 재판과 박해를 계속하는 것이라는 생각을 하게 되었을 것이다. 이렇게 해서 지금 요한공동체가 재판이라는 형태로 받고 있는 박해는 실은 예수 자신의 소송을 대신하는 것이 된다. 아니 요한의 언어로 말하자면, 요한공동체의 재판상황 안으로 예수가 들어와서 재판 받는 공동체를 위해 그분이 공동체의 자리에 서 있다. 그리스도가 '파라클레토스'를 통해 공동체의 박해와 재판상황 안으로 오셔서 공동체의 재판을 자신의 재판으로 삼으신다. 이렇게 해서 박해와 고난의 상황에서 '파라클레토스'를 통해 공동체와 그리스도는 서로 통하며, 하나가 된다.

떠나는 예수가 남아 있는 제자들에게 주는 고별담론은 이러한 하나됨과 완전한 사랑에 대한 아름다운 말들로 가득 차 있다. '파라클레토스'는 예수가 떠난 후 슬픔 속에 있는 공동체 안에서 분열을 하나됨으로, 슬픔을 미래에 대한 확신으로 바꾸어주는 일치와 위로의 영이었다. 영은 물처럼 조용히 스며들고, 바람처럼 고요히 불어와서 그리스도 예수 안에서 만물을 하나로 엮어주었다. 포도나무와 가지처럼 그리스도와 공동체는 하나이고, 요한의 목자와 양은 서로를 완전하게 안다. 이러한 일치의 경험이 요한적인 사랑의 토대이다. 영은 사랑하게 한다. 인간적인 삶의 한가운데서 영의 존재는 사랑으로 나타난다. 그러므로 영은 사랑이다. 그리고 그들이 사랑할 수 있었던 것은 예수 없는 상황에서 예수와 함께 사는 일이 '파라클레토스'를 통해 가능해졌기 때문이다. 그리스도는 그들 가운데 영으로, 사랑으로 현존하고 있다. 그리고 영 그리스도인 파라클레토스는 끊임없이 먼저 있었던 사랑을 회상시킨다.(14:26; 15:26-27)

공동체는 먼저 있었던 사랑의 기억 속에 산다. 요한의 목자는 양들을 위해 죽는다. 이것은 실제 현실 속에서의 목자의 행태와는 맞지 않는다. 목자가 양들을 위해 목숨을 버려야 한다는 것은 자명하지도 않으며, 당위적이 될 수도 없다. 설령 양들이 목자의 것이라고 하더라도, 소유물에 불과한 양들을 위해 주인인 목자가 목숨을 버리기까지 해야 할까? 양들의 생명보다는 목자 자신의 생명이 더 귀중하지 않은가? 분명 여기에는 단순한 과장이 아니라 상황을 과격하고 극단적으로 이해하는 요한적인 사고의 경향이 나타난다.

양떼를 위해 목숨을 내놓는 요한의 목자는 그리스도이다. 어째서 요한의 목자는 죽음을 무릅써야만 양들을 지킬 수 있는가? 어째서 요한은 이렇게 비장한가? 요한이 그리는 상징들이 이처럼 저마다 낮은 슬픔의 그림자를 드리우는 것은 요한공동체가 직면했던 특수한 상황이 계기가 되었을 것이다. 선한 목자는 그리스도를 상징하면서 동시에 위험한 박해상황에서 자신을 돌보지 않고 공동체를 구하는 지도자의 모습을 상징할 수 있다. 이러한 위기상황과 관련된 경험이 예수를 선한 목자로 그리는 계기가 되었을 수 있다. 그들은 여전히 선한 목자 예수가 보여준 사랑의 기억 속에 산다. 목숨을 바친 사랑의 기억은 박해와 죽음의 위협 속에서 서로를 배신하지 않고 살아 있게 하는 보루였을 것이다. 위기상황에서는 이리를 보고 달아나는 당연한 행동이 양들의 죽음을 초래하듯이, 자기 목숨을 얻기 위한 작은 행동이 상대방의 죽음과 공동체의 해체라는 크나큰 결과를 초래할 수 있다. 따라서 당연하고 자연스러운 행동을 넘어서는 비장함, 생명을 얻기 위해 생명을 버리는 결연함이 요한공동체와 그 지도자에게 요구된다. 선한 목자인 예수가 양들인 공동체를 위해 목숨을 버렸듯이, 그래서 공동체가 영원한 생명을 얻었듯이, 지금 위기의 상황에서 요한공동체는 서로를 위해 목숨을 버릴 각오가 되어 있어야 한다. 가장 큰 사랑은 친구를 위해 목숨을 버리는 사랑이다.(15:13) 예수는 스스로 목숨을 버림으로써 목자의 모범이 되었다. 그리고 목숨을 버린 큰 사랑, 이것은 서로 통함, 서로 꿰뚫림, 완전한 앎이다. 따라서 영/파라클레토스는 박해 가운데서 선교와 증거를 통해 그리스도의 계시를 지속시키는 요한공동체의 현재적 삶 속에 그 자리를 가지고 있으며, 그러한 영 체험 속에서 요한공동체는 완전한 하나됨, 완전한 사랑을 경험한다.

5 사랑의 토대

공동체 안에서 이루어지는 모든 인간적인 사랑의 토대는 아버지와 아들의 사랑이다.* 아들은 아버지의 일을 한다. 그것은 아버지의 명령과 뜻에 순종하는 것이며, 아버지와 아들 사이에 존재하는 사랑의 연대를 반영한다. 아들은 아버지로부터 보냄을 받고 죽기까지 순종한다. 그리고 그는 이렇게 목숨을 버림으로써 사람들에게 생명을 가져다

---

* 요한복음서에서는 하느님과 그리스도와의 관계를 아버지와 아들의 관계로 묘사한다. 이것은 하느님과 그리스도 사이의 상호일치의 관계를 표현하는 요한의 유비이다. 그러나 그러한 상호일치의 관계가 오히려 어머니와 관련된 여성적 은유와 보다 가깝다는 점을 고려한다면 아쉽다. 요한복음서의 반유대주의적 경향과 남성중심적 은유들은 오늘의 관점에서 볼 때, 분명 요한복음서에 부담이 된다.

준다.(12:49-50) 아들을 따르는 사람들도 하느님의 계명을 받아들여야 하며, 그들 자신의 삶에서 사랑이 나타나야 한다.(13:34; 15:12, 17) 만일 아버지의 명령이 아들로 하여금 사람들을 위해 목숨을 내놓게 했다면, 예수의 추종자들이 이 명령을 따르는 것은 그들 편에서도 서로를 위해 목숨을 내어놓을 준비가 되어 있어야 한다는 것을 의미한다.(15:13) 따라서 양들의 서로 사랑의 근저에는 목자의 사랑이 있고, 목자의 사랑의 근저에는 목자를 보낸 아버지의 사랑이 있다. 이 모든 사랑의 사건들은 죽음과 부활에 대한 아버지의 명령을 아들이 따름으로써 가능해진다.(10:18)

10장 15절에서는 목자가 양을 알고 양이 목자를 아는 것은 "마치 아버지께서 나를 아시고 내가 아버지를 아는 것과 같다"고 한다. 아버지와 아들 사이에서와 같은 직접적이고 내적인 교통의 방식으로 예수는 인간을 알고 인간은 그를 안다는 것이다. 여기서 예수는 자신과 믿는 자 사이의 관계는 자신과 아버지 사이의 관계와 같은 것이라고 말하고 있다. 아들과 아버지 사이에는 생명의 궁극적인 일치가 있으며, 온전한 더불어 있음이 가능하다. 요한복음 1장 1절에 의하면 "태초에 말씀이 계셨다. 그 말씀은 하느님과 함께 계셨다. 그 말씀은 하느님이셨다"고 한다. 말씀은 하느님이면서 하느님과 함께 계셨다는 것이다. 말씀은 하느님으로부터 구별되는 독립된 존재로서 하느님과 함께 있으면서 동시에 하느님과 동일하다는 것이다. 동일성과 차이를 동시에 주장하는 이 말을 어떻게 이해할 수 있을까?

요한복음서에 의하면 아버지와 아들, 두 분은 둘이면서 하나이다. 그 둘은 실제로 두 분이고, 서로 마주하고 있다. 그러나 그 둘은 결코 분리해서 존재하지 않으며, 분리된 존재로서의 무력함도 없다. 궁극적 일치 속에서 서로 상대방을 알고 상대방과 더불어 있다. 두 분은 동일한 생명 그 자체이다. 마치 단일한 하느님으로부터 여러 얼굴이 나오는 것 같다. 한 하느님 안에 있는 두 얼굴. 서로 마주 볼 수 있는 두 인격. 그러나 그들 사이에는 인간들 사이에서는 불가능한 완전한 일치가 있다. 현실적으로 두 존재이면서 한 본질과 한 생명을 이루는 존재의 완전한 개방성이 있다. 그들 사이에는 개체적 폐쇄성이 없다. 인간은 '네가 아니라 나'라는 주장을 통해 자연적 개체로 존재하므로, 결코 남김없이 자신을 줄 수 없다. 타자 속에서 해소되는 것을 방지하는 이러한 자기폐쇄성은 인간이 아직 완전한 사랑에 이르지 못했으며, 동시에 완전한 자아를 갖지 못했음을 말해 준다. 이 점에서 하느님은 다르다. 하느님의 거룩한 두 존재는 서로에게 전적으로 열려 있다. 그들의 삶은 단일한 삶이고, 한 분이 다른 분 안에 순전하게 살고, 한 분의 맥박, 숨결, 움직임조차도 다른 분에게 완전하게 전달된다. 그들은 서로 내재하고 서로 속해 있다.

하느님이 이처럼 분명히 구별되면서 동시에 친밀한 공동성 속에 살 수 있는 것은 그가 '영'이기 때문이다. 성령 안에서 아버지와 아들은 서로 온전히 열려 있으면서 동시에 독자적으로 자신을 주관할 수 있다. 영 안에서 아버지와 아들은 완전한 사랑과 완전한 자유를 동시에 누린다. 영은 아버지와 아들이 모든 것을 따로, 또 함께 갖게 하며, 말 그대로 한 분이 다른 분을 통해 그 자신이 되게 한다. 그렇게 함으로써 영은 영이 된다. 즉 하느님 안의 개방성과 상호내재로서 영은 스스로 얼굴을 가지게 된다. 성서는 이것을 독특한 상징으로 표현한다. 성서는 영을 아버지로부터 아들에게 내려오는 비둘기, 어디서 오는지 알 수 없는 바람, 강한 폭풍과 같은 하늘의 진동, 그리고 혀처럼 갈라지는 불꽃으로 나타낸다. 이 모든 것은 신비이다.

그런데 예수는 자신과 아버지 사이의 이러한 근원적인 앎과 일치의 관계가 자신과 믿는 자 사이의 관계에도 적용된다고 말한다. 믿는 자가 예수와 가지게 되는 내적인 관계는

요한의 성령 이야기, 하느님의 사랑 이야기

천상적인 깊은 일치의 관계이다. 이러한 깊은 일치의 관계는 믿는 자로 하여금 지상에서 천상의 기쁨을 누릴 수 있게 한다. 그리스도가 떠난 이후 성령은 인간 안에 변화된 주님이 들어올 수 있는 내적 공간을 열었다. 이제 그분은 우리 안에, 우리는 그분 안에, 성령 안에 있다. 그리스도 안에서 우리는 아버지와 그분의 사랑하는 관계에 동참한다.

여기서 비로소 구원받은 자들 사이의 완전한 하나됨, 완전한 사랑의 관계가 가능해진다. 그리스도가 지녔던 내면성이 이제 우리 안에 생겼다. 그것이 교회이며, 교회는 그리스도의 몸이고 각 사람은 그 지체이다. 그리스도의 지체인 각 사람은 다른 사람의 지체가 되고 서로 다른 사람의 힘과 도움이 된다.(롬 12:5; 고전 12:12-13) 한 사람에게 해당하는 것은 다른 사람에게도 해당하며, 각자는 다른 사람에게 참여한다. 그 안에서 모든 차이와 차별은 힘을 잃는다. "우리는 유대 사람이든지, 그리스 사람이든지, 종이든지, 자유인이든지, (남자든지 여자든지) 모두 한 성령으로 세례를 받아서 한 몸이 되었고, 또 모두 한 성령을 마시게 되었습니다."(고전 12:13)

6 기다림

그러나 이 모든 것은 아직 숨겨져 있다. 우리는 보이지 않는 것을 믿어야 한다. 그것은 아직 완성되지 않았고, 단지 시작되었을 뿐이다. 그래서 모든 것이 너무나 힘들고, 내면에서 동터 오는 거룩한 열림을 가로막는 폐쇄성은 어디에나 있다. 어디서나 차가움과 어려움이 내 혼 속에서 열리는 따뜻하고도 친밀한 마음을 억누른다.

사랑한다는 것은 '네가 아니라 나, 네 것이 아니라 내 것'이라는 생득적 폐쇄성을 넘어서는 것이다. 그것은 인간 현존의 새로운 가능성이며, 인간들 사이에서 열리는 성령의 사랑이다. 그리고 이것은 완전한 새 창조, 즉 새 하늘, 새 땅, 새 인간의 창조와 함께 완성된다. 아마도 그것은 부활한 세상일 것이다. 그때에는 모두가 모두에게 속할 것이고, 각 사람이 다른 사람 안에 있으나 모든 사람이 성령으로부터 오는 자유와 존엄성을 누리며 살아갈 것이다. 아버지가 아들 안에, 아들이 아버지 안에 있듯이, 모든 사람이 하나가 될 것이다. 아버지와 아들이 영 안에서 하나이듯이, 사람들도 같은 영을 통해 그리스도 안에서 서로 하나가 될 것이다.(요 17:22) 그 다음에는 거룩한 하느님의 신비가 모든 사람에게

침투하고, 피조세계가 그 안에 받아들여지며, 인간은 비로소 자기 자신이 될 것이다. 영이 이 모든 일들을 일어나게 할 것이다. 드디어 영은 전 피조세계를 하느님의 신부로 만들 것이다.(계 21:9)

이 모든 것이 환상일까? 그러나 여전히 희망을 가질 수 있는 것은 인간의 삶에 성령에 비견할 만한 것, 곧 사랑이 있기 때문이다. 인간은 누구나 '나는 너와 다르다'는 의식 속에 살아간다. 언제나 자신과 다른 사람들 간에 간격이 있다는 의식 속에 살아간다. 그러나 이렇게 사는 사람들의 마음속에 사랑이 일깨워지면 기적이 일어난다. 나와 너 사이에 가로놓인 높은 벽과 깊은 심연을 넘어, 내가 너를 위해 있을 수 있고 네가 나를 위해 있을 수 있게 된다. 그야말로 기적이며, 인간이 할 수 있는 가장 창조적인 일이다. 이것은 마치 물 위를 걷는 것처럼 순간순간이 삶의 기적이며 창조이다. 모든 고립된 '나'의 울타리가 허물어지며, 서로가 서로에게 속하게 된다. 그야말로 하나가 된다. 이 하나를 이루는 일은 일부러 꿰어 맞추거나 혼합하여 융합을 이루는 것이 아니라 다시 태어나는 것이고, 이 다시 태어나 하나가 되는 것을 바로 '사랑'이라는 이름으로 부른다.

그리스도인 됨이 우리 안에서 새로워지는 일이 시작되는

것을 의미한다면, 그리스도인의 존재는 저 새로워짐의 시작을 이루는 것, 즉 그리스도의 생각으로 생각하고 그분의 형상에 따라 우리의 삶을 변화시키는 것이다. 중요한 것은 하느님으로부터 오는 것, 새로운 삶을 살라는 하느님의 요청이다. 어떤 식으로든 하느님이 우리에게 영을 주셨을 때에만 우리는 두려움과 떨림과 희망 속에서 "오소서! 창조자의 영이여!"라고 기도할 수 있기 때문이다.

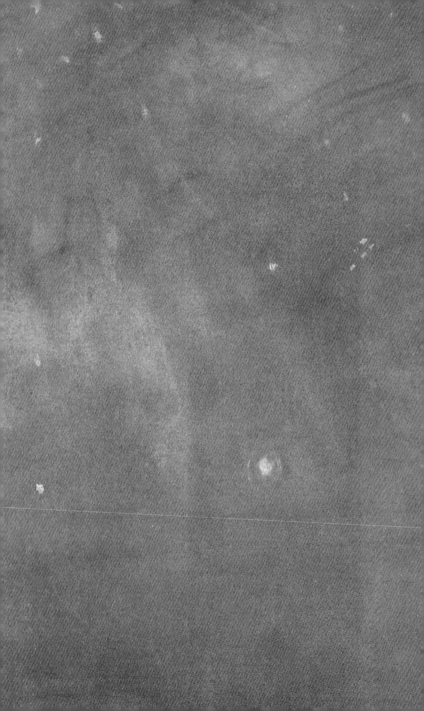

로마제국과
바울의
평등사상

1 "오직 믿음만으로"?

아마도 우리나라 개신교 설교에서 가장 자주 언급되는 주
제는 "오직 믿음만으로 의롭다 함을 받고 구원을 받는다"는
교리일 것이다. 그리고 예수를 따르는 삶의 실질적인 내용
을 예수와 거리가 먼 것으로 둔갑시켜버리는 주요 동기 역
시 바로 이 교리일 것이다. 처음부터 윤리적 측면을 약화시
키려는 의도에서 출발한 것은 아니겠지만, 속류화된 개신교
설교에서 "오직 믿음만으로!"라는 루터의 슬로건은 '믿음'
과 '행위'를 분리시켜 믿음의 실질적 내용을 공허하게 만들
어버리는 결과를 가져왔다.

인간의 '행위'가 '구원의 조건'이 아니며 오직 그리스도의
십자가에 대한 믿음을 통해서만 인간은 구원받을 수 있다는

설교를 반복해서 듣고 있노라면, 원래 조건이 없는 것이 '믿음'인데 아이러니칼하게도 '믿음'이 '구원의 조건' 내지는 요구사항처럼 되어버린 것 같은 느낌을 받는다. '믿음'이 '구원의 조건', 아니 '행위'보다 더 충족시키기 힘든 '구원의 조건'이 되어버린 것이다. 왜냐하면 믿음이야말로 내 의지대로 되는 것이 아닐뿐더러 아무리 믿는다고 해도 돌아서면 내 믿음이 확고한지 확신이 서지 않기 때문이다. 오죽하면 루터 자신도 마지막까지 "주여, 믿습니다. 제 믿음 없음을 도우소서"라고 역설적인 기도를 했다지 않는가.

정말로 그리스도가 내 죄를 대신해서 십자가에 달려 돌아가심으로 내가 죄사함을 받고 구원받았다는 사실을 끝없이 복기하는 것이 기독교 신앙인가? 내 마음속을 들여다보며 내가 진정으로 '구원의 사실'을 믿는지 안 믿는지 반복해서 확인, 점검하는 것이 신앙인가? 왜 교회는 이런 식으로 쓸데없이 자신을 닦달하는 것을 신앙이라고 가르칠까? 그렇게 하는 것이 교회의 권위와 성직자의 보잘것없는 카리스마에 신자들을 복종시킬 수 있는 손쉬운 방법이기 때문일까?

더욱 문제인 것은 그렇게 '신앙'에 대해 유난을 떠는 것이 실제 삶에서 저지르는 뻔뻔스러운 행동들에 대해 일종의 면죄부를 부여하는 기능을 한다는 점이다. 아무리 부도덕하고 이치에 맞지 않는 행동을 해도 믿기만 하면 된다. 부동산 투기, 금융투기를 일삼고 노동자들을 사지로 내몰아도, 강을 없애고, 바다를 오염시키고, 핵무기와 핵발전을 옹호해도 그런 것은 신앙과는 아무 상관이 없고 세속적인 견해 차이일 뿐이다. 설사 그런 행동으로 인해 수많은 사람들이 불행에 빠지게 된다 해도 믿기만 하면 된다. 중세 말기 가톨릭 교회의 부패와 타락의 상징이었던 면죄부 판매가 종교개혁의 불을 당겼다면, 지금 개신교 교회에서 외치는 '신앙'이야말로 면죄부와 무엇이 다른가?

오늘날 한국 교회에서 "오직 믿음만으로!"라는 구호는 삶으로부터 유리된 신앙을 옹호하는 결과를 가져왔고, '믿음'을 '믿음의 삶'으로부터 따로 떼어 '죽은 믿음'이 되게 만들었다. 마치 하느님을 골방에 가두어 놓고 골방에서만 하느님을 만나겠다고 작정한 것 같다. 그러나 신앙은 삶의 전체와 관련되고 삶의 전체를 문제 삼는 것이지, 특정교리를 받아들이는 것으로 협소화될 수도 없고, 종교라는 특정 영역 안에 머무를 수도 없다.

예수는 우리가 기도할 때 일용할 양식을 달라고 기도할 뿐만 아니라 당신의 나라, 곧 하느님의 나라가 임하게 해 달라고 기도하라고 가르쳤다. 이때 '하느님의 나라'는 삶의 전체성과 관련되는 것으로서 넓은 의미에서 정치적인 것으로 이해할 수 있다. 살아 있는 한 밥 먹는 일을 피할 수 없듯이, 살아 있는 한 사람은 원하든 원하지 않든 특정한 정치적 입장을 이미 취하고 있다. 그러므로 오늘날 넓은 의미에서 어떠한 정치적 견해를 가지느냐 하는 것이야말로 믿음의 핵심적인 사안으로 포함되어야 한다.

오늘날 개신교 교회에서 "믿음만으로!"라는 구호는 루터에게 기원하는 것으로 알려져 있고, 루터는 바울에 근거한 것으로 알려져 있다. 저 문제 많은 가르침의 근저에 바울이 있다는 것이다. 그런데 기독교 역사 속에서 예수 못지않게 오해받은 인물이 바울이다. 바울은 정말 '행위 없는 믿음', 삶으로부터 유리된 믿음, 죽은 믿음을 가르친 것일까? 바울이 그의 극적인 회심에서 깨달은 진리는 로마제국이라는 사회정치적 현실 속에서 무엇을 의미했으며, 그는 어떻게 이 진리를 끝까지 밀고 나갔는가?

2 초기 로마제국과 민중

로마는 약 300여 년에 걸친 군사적 정복을 통해 지중해 연안의 거의 전 지역을 자신의 지배 아래 두었다. 이처럼 로마가 당시로서는 전 세계를 자신의 지배 아래 둔 것은 '세계화', 또는 '지구화'라는 말로 지칭할 수 있을 것이다. 이것은 아우구스투스의 업적과 관련해서 매우 인상적으로 기술되었다. 그는 "전 세계를 로마의 지배 아래 복속시키고, 제국의 경계선을 지구의 경계선과 같게 만들었으며, 로마인들의 세입을 안정시키고 일부는 증가시켰다."(*Res Gestae Divi Augustus*) 그러나 로마의 군사적·정치적 힘에 의해 정복된 민족들 편에서 보면, 로마제국에 의한 세계화는 실질적으로는 로마에 대한 정치적·경제적 예속을 뜻했다.

따라서 로마제국이 내세운 평화와 질서의 구호 이면에는 민족과 지역, 계급 간의 뿌리 깊은 갈등이 있었고, 제국은 어떻게든 이 문제에 대해 대책을 세워야 했다. 정복을 통해 다양한 인종과 영토, 문화를 자신의 통제 아래 두게 된 로마제국은 공식적으로 다문화주의 정책을 취했다. 오로지 인종에만 근거해 편견을 갖거나 특권을 부여하는 일은 비교적 드물었다. 로마의 공식 정책은 유대인을 포함해서 각 민족 집단이 정부의 간섭 없이 자신의 법과 관습에 따라 사는 것을 승인했다. 특히 소아시아 같은 지역의 일부 유대인 가정은 비교적 평화로운 삶을 누렸으며, 지역의 정치와 사회생활에

로마제국과 바울의 평등사상

서 두드러진 역할을 했다.

그러나 로마는 그리스 문화와 함께 로마 자체의 정치경제적 이익을 옹호했다. 그리스-로마의 문화, 경제, 정치에 참여하기 위해서는 많은 재산이 필요했고, 재산을 소유하고 유산을 상속하기 위해서는 시민권이 있어야 했다. 그리고 부와 권력, 그리스-로마 문화에 대한 접근성을 가진 사람만이 시민권을 가질 수 있었다. 부유한 사람들은 지역의 시민이면서 동시에 로마의 시민이 될 수 있었다. 로마는 정복지의 귀족에게 협력의 대가로 시민권을 수여했다. 어느 지역, 어느 민족을 막론하고 가난한 사람들은 시민권을 얻을 수 있는 조건을 충족시키지 못했다. 제국의 부로부터 이들을 영원히 배제하는 것이 로마의 정책이었다.

고향에 살든, 멀리 떨어진 타지에 살든 유대인, 이집트인, 시리아인, 아나톨리아인 등 속주 민중의 입장에서 보면, 정치경제적 권력과 그리스-로마 문화를 통한 로마의 지배는 기왕의 토착적 지배체제 위에 또 하나의 강력한 착취구조가 자리잡는 것을 의미했고, 문화적 차원에서는 오랫동안 지켜온 자신들의 전통적이고 자생적인 삶의 방식을 열등한 것으로 여기게 만드는 것이었다. 다원주의적 문화정책은 강압적으로 그리스-로마 문화를 토착민에게 강요하지는 않았지만, 자생적이고 토착적인 삶의 방식과 문화를 시대에 뒤떨어지고 초라해 보이게 만들었고, 그것은 토착민들 가운데 일부 사람들로 하여금 제국의 문화를 동경하여 고향을 떠나 헬레니즘적 대도시로 이주할 마음을 먹게 만들었다. 그러나 고향에 그대로 남아 있던 사람들은 제국의 문화와 생활방식, 특히 토착 지역의 상류계층이 흉내내고 있던 그리스-로마 문화와 생활방식을 혐오하고 거기 저항했다. 결국 표면적으로 다원주의, 다문화정책을 폈다 하더라도 사회경제적 차원에서 이루어진 실질적인 파괴와 착취는 토착적인 문화와 삶의 방식을 무너뜨리고 문화적 획일화의 경향으로 가게 된 것이다.

그러므로 팔레스타인만이 아니라 로마제국에 포함된 거의 전 지역에서 제국에 의한 세계화는 표면상 문화적 다원주의를 표방하고 있었지만, 실질적으로는 피지배민족의 억압과 삶의 파괴로 이어졌다. 지배계급과 피지배계급 간의 첨예한 갈등과 대립이 도시와 농촌의 갈등 양상으로뿐만 아니라 도시 안에서도 서서히 그 모습을 드러냈다. 이것은 로마제국에 의한 세계화의 혜택을 받은 자와 그렇지 않은 자의 대립이라고 할 수 있을 것이다. 로마인들과 그들이 흡수한 토착 지배세력이 소수의 지배계급을 형성하고 있었던 반면, 대다수의 노동인구는 토착민들이었으며, 이들은 대개가 동방 지역의 후손들이었다. 이것은 특히 농촌 지역에서 분명하게 나타났다. 대다수의 토착민들은 그리스-로마 문화에 흡수되지 않았을 뿐 아니라 헬라화되지도 않았다. 그들은 전통적인 생활양식, 그들만의 종교적, 사회적, 경제적, 법적, 문화적 특성을 고수했다. 표면적으로 하나의 통일체였던 로마제국은 내적으로는 불평등한 두 부분, 즉 한편으로는 로마와 그에 결탁한 세력, 다른 한편으로는 토착민으로 분열되어 있었다.

피지배계급은 식민 지배세력과 토착 지배세력에게 세금을 바쳐야 하는 이중고에 시달렸다. 이와 더불어 로마에 의해 정복된 지역에서 대농장체제가 확립되고 속주로부터 값싼 곡물이 유입되면서 소농들은 몰락할 수밖에 없었다. 게다가 로마제국은 정복한 지역의 사람들 중 일부를 전쟁 포로로 만들어 노예시장에서 매매함으로써 노예제를 확산시켰고, 이렇게 양산된 노예들로 인해 많은 노동자들이 일자리를 잃었다. 대다수의 하층민들은 극빈한 환경에 처해 있었으며, 로마제국의 넘쳐나는 부를 향유하지 못했다. 농촌은 늘어가는 부채와 세금으로 쇠락해 갔으며, 도시는 노예제 확산으로 생계수단을 잃은 노동자계층을 계속 양산함과 동시에 삶의 터전을 상실한 몰락한 소농들의 새로운 거주지가 되면서, 언제든지 이들의 분노가 표출될 수 있는 가능성을 안고 있었다. 한마디로 로마제국에 의한 세계화란 민중의 입장에서 보면 토착적인 자생적 삶의 파괴를 의미했다. 고향에서 밀려난 사람들은 제국 내 대도시의 하층민으로 유입되어 외국인 거주자로 살아갔다. 그러므로 로마제국에 의한 세계화의 실질적 의미는 고국에서건 타국에서건, 아니면 농촌에서건 도시에서건 민중의 자생적인 삶의 기반을 밑바닥에서부터 뿌리째 뒤흔들고 무너뜨리는 것이었다.

이러한 상황에서 피지배계급의 혁명과 항쟁의 분출이 일어나는 것은 당연했다. 로마제국에 대한 이러한 투쟁들은 정치운동임과 동시에 종교운동이었고, 계급적으로는 지배계급에 대한 피지배계급의 저항적 성격을, 지역적으로는 서방에 대한 동방의 대항 성격을 띠고 있었다. 그러나 제국의 안보를 위해 로마는 피정복민들에게 충성, 즉 복종을 요구했고, 이를 거부하는 자들은 무자비한 탄압의 대상이 되었다. 그리고 이때 로마가 피정복민들에게 요구한 정치적·군사적 예속을 나타나는 fides, 또는 그리스어로 pistis라는 말은 바울이 서신들에서 그리스도 예수에 대한 '믿음'을 나타낼 때 사용했던 말과 동일한 단어였다. 이러한 맥락에서 보

면 신약성서에 나오는 '믿음'이라는 말은 단순히 '믿음' 그
자체가 아니라 '~를 향한 충성, 복종'이라는 의미에서 '믿
음'으로 이해되어야 하며, 보다 구체적으로 말하자면 '로마
에 대한 충성과 복종'이 아니라 '그리스도 예수에 대한 충성
과 복종'이라는 데 강조점이 있다. 끊임없이 자신의 군사적
우위를 환기시키고, 그 힘에 대해 공포와 두려움을 불러일
으킴으로써 충성하게 만드는 로마제국 앞에서 바울과 초대
교회는 전혀 다른 충성과 복종의 대상을 제시하고 있는 것
이다.

　외견상 문화적 융합주의, 다원주의를 표방했지만 실질적
으로는 군사적 정복과 공포에 의해 통치했던 로마제국 안에
서 대중들의 영적 위기감은 지역과 계층을 막론하고 팽배했
고, 이것은 대중적 종교가 번성하는 비옥한 토양이 되었다.
이 시대를 뒤덮었던 위기감으로 인해 이 종교들이 지배계급
에게도 매력적이었음을 부정할 수는 없지만, 근본적으로 이
러한 종교들은 억압받는 자들의 열망과 희망을 반영했다.
경제와 정치에서 주변부로 밀려난 사람들에게 거대한 로마
제국은 인간이 이루어낸 위대한 업적으로 보이기보다는 그
들의 이해범위나 통제력을 아득히 벗어나 있는 것으로 느껴
졌고, 무시무시한 악마적 세력의 현신으로 여겨졌다. 유대

교와 기독교의 묵시문학에 내포되어 있는 반(反)로마적 특성, 어떤 형태든 지배를 거부하는 아나키즘적 특성은 그 한 예라고 할 수 있다. 이러한 종교들에는 서방에 대한 동방의 승리만이 아니라 자유와 자치를 염원하는 동방 민중의 사상이 반영되어 있었다. 바울의 선교활동과 신학 역시 동일한 역사적 맥락 안에 있었다.

3 바울의 평등사상

과거 대부분의 좌파 철학자들은 바울이 예수의 급진적인 사회적 해방의 선포를 추상화·관념화시킴으로써 기독교를 보수화하고 제도화한 장본인이라고 비판해 왔다. 그러나 최근에는 여러 좌파 철학자들이 이를 뒤집어 바울신학의 급진성과 정치적 성격을 재해석하고 있는데, 이것은 신약성서학 분야에서 바울신학의 사회적 맥락을 밝히면서 그의 신학을 재해석하고 있는 것과 맥을 같이 한다.

바울의 교회들은 로마제국의 도시들 한복판에서 제국의 현실, 제국의 선전 이데올로기와는 전혀 다른 삶의 방식과 현실을 형성해 갔다. 바울의 서신들은 제국 안에서 살아

가는 그리스도인들의 삶의 방식에 구체적으로 개입하고 있으며, 신앙적 열정만이 아니라 정치적 열정으로 가득 차 있다. 오늘날 학자들은 바울이 사용한 주요 언어들이 로마제국의 선전에 사용되었던 언어들이었음을 밝혀주었다.* 로마제국에서 '복음'euangelion, 즉 '기쁜 소식'이란 새로운 황제의 등극을 알리는 소식이기도 했지만, 무엇보다도 전쟁에서 이겼다는 승전보, 즉 시저가 전쟁에서 승리함으로써 세계에 평화와 안전을 확립했다는 승전보로서 기쁜 소식이었다. 또한 시저는 전 세계에 구원을 가져다준 '구세주'soter이다. 그러므로 제국의 백성들은 그들의 '주님'kyrios인 황제에 대해 '믿음'pistis, 곧 충성심을 바쳐야만 했다. 나아가서 사람들은 빌립보, 고린도, 에베소와 같은 대도시의 민회ekklesia(교회)에서 주님이며 구세주인 시저를 경배하고 찬양해야 했다. 바울은 이러한 로마제국의 선전에 사용되었던 용어들을 물구나무 세워서 예수에게 적용했고, 그렇게 함으로써 예수를 이 세상의 대안적인, 혹은 진정한 황제로 만들고 예수를 반反제국적인 대안사회의 우두머리로 만들었다. 즉 제국에

* Dieter Georgi, "God Turned Upside Down," *Paul and Empire: Religion and Power in Roman Imperial Society*, ed. by Richard A. Horsley (Harrisburg, Pa: Trinity Press International, 1997), 140~147.

새로운 황제가 등극하는 것이 '복음'인 것이 아니라 제국에 대한 저항의 상징인 예수 그리스도의 십자가에 관한 소식이 기쁜 소식, 곧 복음이다. 그리고 황제가 구원을 가져다주는 구세주이고 주님이며 충성을 바쳐야 할 대상인 것이 아니라, 십자가에 달린 그리스도가 구세주이며 주님이고 충성을 바칠 대상이다. 또 로마제국 대도시의 민회가 삶의 중심인 것이 아니라 교회공동체가 그리스도인의 삶의 중심이라는 것이다.

그리스도의 재림에 대한 바울의 선포 역시 동일한 맥락에서 이해할 수 있다. 원래 재림, parousia라는 말은 제국 각처에 황제가 내림하는 것을 가리키는 말이었다. 그런데 바울은 자신이 세운 교회들에게 그리스도께서는 조만간 다시 오실 것이며, 이때 그분은 주님이자 구세주로서 돌아오시며, 그때는 로마의 통치가 분명히 끝나고 하느님나라가 완전히 실현될 것이라고 했다.(빌 3:19-21; 고전 15:24-28; 살전 4:14-18) 바울은 종말에 이르면 그리스도께서 "모든 권세와 모든 권력과 권능을 파멸시키시고 나서 나라를 하느님 아버지께 넘겨드리실 것"이고, "하느님께서 모든 원수를 그리스도의 발 아래 잡아다 놓으실 때까지 그리스도께서 다스리셔야 한다"고 말했다.(고전 15:24-5) 그리고 빌립보서 3장 19~21절에서는 "자기네 배를 하느님으로, 자기네 수치를 영광으로 삼으며 이 세상 것만 생각"하는 "그리스도의 십자가의 원수"인 수많은 사람들과 대조적으로 그리스도인은 "하늘의 시민"이며 그곳에서 구세주로 오실 주 예수 그리스도를 고대한다고 했다. 이러한 맥락에서 보면 바울 일행에 대해 데살로니카 사람들이 "온 세상에 소란을 일으키던 자들이 여기까지 왔습니다. (⋯) 그자들은 모두 예수라는 또 다른 임금이 있다고 말하면서 황제의 법령을 어기고 있습니다"라고 고발했다는 사도행전의 서술도 납득이 된다.(17:7)

바울과 그의 공동체는 시저와 그의 제국적 질서에 반대하는 매우 다른 가치들과 사회적 관계를 구체화한 대안적 공동체들을 형성한 것이다. 이 대안적 공동체의 정신이 어떤 것이었는지는 갈라디아서 3장 28절에 가장 잘 나타난다. "유대인도 그리스인도 없고, 종도 자유인도 없으며, 남자도 여자도 없습니다. 여러분은 모두 그리스도 예수님 안에서 하나입니다." 학자들에 따르면 이것은 초대교회의 입교의 례였던 세례에서 사용되었던 세례고백문이었다. 그렇다면 이 구절은 당시 초대교회 운동의 근본정신을 드러내는 말이라고 할 수 있다. 이 고백은 평화와 번영을 구가하고 문화적 다원주의를 표방하고 있던 제국의 질서 속에서, 고국에서든

타국에서든 뿌리 뽑힌 삶을 영위하고 있던 민중들에게 새로운 사회의 원리를 제시해 주었을 것이다. 그것은 바로 보편적 평등의 원리였다.[*]

이 세례고백문은 골로새서에도 나오는데 거기서는 뒤이어 "그리스도만이 모든 것이며 모든 것 안에 계십니다"라고 말하고 있다.(3:11) 그리스도가 보편적 평등의 근거라는 것이다. 그리스도 안에서 하나라는 바울의 메시지는 남녀의 성적 정체성이나 종과 자유인의 신분적 정체성, 유대인과 헬라인의 인종적 정체성이 공존하는 다양성의 왕국을 찬미한 게 아니라, 그 다양성을 실질적으로는 위계질서로 둔갑시키는 불평등한 구조에 주목하게 하고, 다양성 근저에 있는 보편적 평등성에 주목하게 하는 것이다. 할례 받은 유대인에 대하여 할례 받지 않은 이방인의 정체성을 존중하여 다양성을 인정하라는 것이 아니라, 할례와 무할례의 차이를 넘어선 동등성을 보라는 것이다. 또한 남자와 여자, 종과 자유인 사이의 차이를 인정하라는 차이의 찬미가 아니라, 그 차이를 넘어 실질적인 평등의 구현을 추구하라는 것이다.

[*] Alain Badiou(1997), *Saint Paul*, trans. by Ray Brassier (Stanford: Stanford University Press, 2003).

바울은 이 점에서 로마제국이 내세운 것과 같은 다문화
주의자, 다양성의 찬미자가 아니라 보편적 평등주의자였다
고 할 수 있다. 이상하게 차이와 다양성에 대한 찬미는 여러
개체들, 또는 정체성들이 빚어내는 다양성과 복잡성 자체에
한눈을 팔게 만들고, 대신 평등에 대한 추구를 놓치게 만든
다. 그러나 이 세례고백문은 유대인이나 헬라인, 종이나 자
유인, 남자나 여자, 모든 차이 한가운데서 실제로 평등이 사
건으로 일어나고 구현되는 것을 추구한다. 초대교회 공동체
안에 유대인이건 헬라인이건 종이건 자유인이건 남자건 여
자건 누구나 들어올 수 있다는 데 강조점이 있는 것이 아니
라, 그러한 신분상의 차이와 불평등이 존재하게 만드는 제
국의 질서 자체가 그리스도 안에서 무효화되었고, 그것은
폭력에 의한 제국의 질서 안에 새로운 가치, 평등의 질서가
도래하기 시작했다는 것을 의미한다. 울긋불긋 알록달록하
다고 세상이 아름다운 것이 아니라 천상의 빛을 드러내야
아름답지 않은가. 아마도 하느님의 가정으로서의 교회, 그
리스도 안에서 누구나 형제요 자매라는 초대 그리스도인들
의 고백 근저에 깔려 있는 생각 역시 이와 같았을 것이다. 바
울이 세우고 보살핀 공동체들은 로마의 제국적 질서를 거스
르는 평등한 대안적 사회를 이루는 거점으로서 일종의 코뮨

같은 것이었다. 그들은 제국 안에 있었지만 제국에 속하지 않았다.

복음의 진리를 기존 체제 내의 특정한 정체성이나 상태와 동일시하지 않는 바울과 초대교회의 기본 인식은 종말론적 자유에 근거한 것이다. 이것은 복음의 진리를 세계 내의 어떠한 상태로도 해소시키지 않는 바울의 다음과 같은 고백과 일맥상통한다. 결혼문제에 대해 고린도 교인들을 권면하면서 바울은 이렇게 말하고 있다.

> 형제 여러분, 내가 말하려는 것은 이것입니다. 때가 얼마 남지 않았습니다. 이제부터 아내가 있는 사람은 없는 사람처럼, 우는 사람은 울지 않는 사람처럼, 기뻐하는 사람은 기뻐하지 않는 사람처럼, 물건을 산 사람은 그것을 가지고 있지 않은 사람처럼, 세상을 이용하는 사람은 이용하지 않는 사람처럼 사십시오. 이 세상의 형체가 사라지고 있기 때문입니다.(고전 7:29-31)

이것은 세상 끝이 다가왔다는 종말론적 의식에 의해 지배되는 자유정신이며, 이 정신에 의해 그리스도인은 현 상태가 좋든 나쁘든 거기에 굴복당하지 않는 거리를 확보하게 된다. 그리고 이러한 자유정신은 이웃을 위해 기꺼이 종이 되는 그리스도인의 섬김에 관한 발언으로 이어진다.

나는 아무에게도 매이지 않은 자유인이지만, 되도록 많은 사람을 얻으려고 스스로 모든 사람의 종이 되었습니다. 유대인들을 얻으려고 유대인들에게는 유대인처럼 되었습니다. 율법 아래 있는 이들을 얻으려고, 율법 아래 있는 이들에게는 율법 아래 있지 않으면서도 율법 아래 있는 사람처럼 되었습니다. 나는 하느님의 율법 밖에 있지 않고 오히려 그리스도의 율법 안에 있으면서도, 율법 밖에 있는 이들을 얻으려고 율법 밖에 있는 이들에게는 율법 밖에 있는 사람처럼 되었습니다. 약한 이들을 얻으려고 약한 이들에게는 약한 사람처럼 되었습니다. 나는 어떻게 해서든지 몇 사람이라도 구원하려고 모든 이에게 모든 것이 되었습니다.(고전 9:19-22)

이 말은 결코 선교 전략을 위한 바울의 처세술로 축소될 수 없으며, 그의 선교와 신학의 근본정신을 말해 준다. 유대인과 이방인, 남자와 여자, 종과 자유인의 차이를 넘어서는 보편적 평등성을 지니면서 동시에 스스로 모든 사람의 종이 될 수 있게 하는 것이 복음의 자유다. 이 복음의 자유는 세계 내의 어떠한 정체성으로도 해소되지 않으면서 동시에 이웃을 위해서는 "모든 이에게 모든 것이" 될 수 있게 한다. 이것은 어떤 특수한 집단이나 정체성으로 고정되지 않으면서 동시에 이웃 사랑을 위해 모든 것을 포용할 수 있는 복음의 종말론적 자유다. 이렇게 해서 바울의 보편적 평등주의는 선에 대한 의무의 보편적 평등주의로 이어진다.

먼저 유대인에게 그리고 그리스인에게까지, 선을 행하는 모든 이에게는 영광과 명예와 평화가 내릴 것입니다. 하느님께서는 사람을 차별하지 않으시기 때문입니다.(롬 2:10-11)

인종적 차이를 넘어선 보편적인 선과 하느님의 평등이 관련된 것이다. 누구도 진리가 요구하는 것에 대해 예외일 수 없다. 여기서 바울이 말하는 선에 대한 의무는 기존 사회에서 요구하는 이러저러한 의무들에 소심하게 복종하는 것과는 다르다. 아마도 그것은 우정과 환대에 근거한 종말론적 공동체를 향한 선의 의무일 것이다.

바울이 원하던 바는 무엇이었을까? 바울은 율법이라는

엄격한 족쇄를 풀어버림으로써 복음이 특정 사회 집단인 유대공동체 내의 가치로 머무르지 않기를 원했다. 그러나 동시에 그는 복음이 당시의 일반적인 범주들, 즉 국가적인 것이든 이데올로기적인 것이든 정치적 선전선동에서 작동하는 뻔하고 일반적인 구호들이나 가치들, 법적인 원리들로 해소되지 않기를 원했다. 예수 그리스도의 기쁜 소식이 로마제국의 법이나 시민권, 또는 그와 관련된 법적 권리들과 동일시될 수는 없었다. 로마제국이라는 계급사회 내에서 특정한 위치를 차지하거나 권리를 획득하는 것과 그리스도인이 되는 것은 아무 상관이 없다. 어떠한 공식적이고 법적인 범주들에 의해서도 그리스도인의 삶은 대체되지 않는다. 어떠한 사회계급에 속하거나 성이나 인종에 속하는 것과 그리스도인이 되는 것과는 아무 관계가 없다. 그래서 그리스도인의 공동체 안에는 노예와 여성뿐 아니라 온갖 계급과 직종, 국적의 사람들이 아무런 제한도 특권도 없이 받아들여졌을 것이다. 그러므로 바울은 유대교라는 틀만이 아니라 로마제국의 국가적·제도적 틀을 넘어선 곳에 자신의 공동체가 정초하기를 원했고, 그것이야말로 공동체의 종말론적 토대로서 그리스도의 십자가가 바울에게 의미하는 바였을 것이다.

초대교회 당시 지배적인 삶의 원리가 법적인 것이었다면, 오늘날은 경제적인 것이라고 할 수 있다. 그리스도인이 된다는 것은 로마제국의 법적인 요건들이나 오늘날로 말하면 경제적 지위와 아무 관계가 없다. 그리스도를 통해 오는 복음의 진리는 법이나 경제적 상황에 의해 포섭되거나 해소되지 않는다. 보편적 평등의 원리는 그러한 법적·경제적 요건들을 넘어선다. 이로부터 필연적으로 따라나오는 그리스도인의 삶의 자세는 지배적인 가치들, 즉 국가나 자본에 대해 비판적인 거리를 두는 것이다. 동시에 그것은 적극적인 개입을 가능하게 하는 탄력적인 거리이다. 그리고 이 거리는 그리스도인으로 하여금 세계 내의 어떠한 존재로도 환원되지 않으면서 동시에 어떠한 처지에 있든 섬기는 종의 자세로 살아갈 수 있게 한다. 말하자면 바울의 보편적 평등의 원리는 어떠한 세계내적인 법적·정치적 권리보다 우위에 있으면서 동시에 세상의 가장 약하고 낮은 자를 위해서도 종이 될 수 있는 자유로 환원될 수 있다. 세상의 그 어느 것보다 높이 있을 수 있으면서 동시에 세상 모든 것의 아래에 있을 수 있다. 이것이 바울이 세우고자 했던 새로운 우애와 환대의 공동체를 위한 내적·심리학적 토대가 되었을 것이고, 실질적으로 이것은 새로운 인간으로의 탄생을 의미했다.

바울의 이러한 포괄적이고 실천적인 가르침은 기독교의 역사 속에서 "오직 믿음만으로!", "오직 은혜만으로!"라는 루터의 슬로건들에 가려 빛이 바래졌다. 바울은 십자가에 달린 그리스도 예수 안에서 '제국의 통치원리'와는 전혀 다른 '평등의 원리'가 하느님에 의해 계시된 것을 깨닫고, 믿는 자들이 이러한 새로운 세계원리에 참여할 수 있는 새로운 존재로 탄생할 것을 설파했다. 상호호혜적이고 평등한 새로운 세계로의 객관적인 변화와 믿는 자들 한 사람 한 사람이 새로운 존재로 다시 탄생한다는 주체의 변화가 바울 자신에 게서는 서로 뗄 수 없는 하나로 같이 가는 것이었다. 이 점에서 바울의 가르침은 대단히 활달하고 건강한 것이었다. 그런데 기독교의 역사 속에서 이러한 바울의 가르침은 객관적이고 현실적인 변화의 울림은 제거당한 채 개인의 내면에서 일어나는 '구원 사건', '신앙의 사건'으로 협소화되었다. 그리고 이렇게 바울의 가르침이 협소화된 것은 '믿음으로 의롭게 된다'는 바울의 인의론認義論에 대한 전통적 해석의 오류에서 기인한다. 구체적으로 이것은 루터에 의해 바울을 해석해 온 오류라고도 할 수 있다.

오래전 스텐달은 이 문제와 관련해서 대단히 중요한 논문을 썼다.* 이 논문에서 그는 인의론認義論을 바울신학의 핵심으로 보는 전반적인 경향에 반론을 제기했고, '율법의 행위'와 '믿음', '율법'과 '하느님의 은혜'를 대조하는 인의론에 대한 전통적인 해석은 실은 루터에 근거해서 바울을 해석한 것일 뿐 바울 자신의 주장은 아니라고 했다. 원래 청년 루터는 매우 엄격한 아버지 밑에서 성장하면서 극단적인 윤리적 강박을 가지고 있었다. 그래서 그는 아무리 노력해도 도덕적 의무를 성취할 수 없다는 내적인 양심의 고민에서 출발해서 바울을 이해했고, 그 결과 '행위'가 아니라 "오직 믿음만으로!", "오직 은혜만으로!"라는 결론에 도달했다.

그러나 루터와 달리 바울은 그런 내적 고민이나 양심의 가책 때문에 극적인 삶의 전환에 이른 것이 아니다. 바울은 열성적인 유대인으로서 율법과 유대인으로서의 자의식에 충일해 있던 자신만만한 인물이었다가 저항할 수 없는 계시 사건, 부활한 그리스도를 만나는 체험을 통해 거꾸러지고 180도 삶의 전환을 이루었다.(빌 3:6) 루터가 가지고 있던 양

---

* K. Stendahl, "The Apostle Paul and the Introspective Conscience of the West," *Harvard Theological Review*, vol. 56(1963), 199~215.

심의 가책은 바울에게는 없었다. "어떻게 하면 내가 나의 노력으로는 도저히 이룰 수 없는 도덕적 의무를 넘어서 은혜로운 하느님을 만날 수 있을까?"라는 루터의 물음은 바울과는 아무 관계가 없다는 것이다.

그렇다면 바울의 인의론에 대한 전통적인 이해는 마치 바울이 루터가 겪었던 것과 같은 양심의 갈등에 대한 답으로 인의론을 제시한 것처럼 해석한 것이고, 따라서 그것은 오류이다. 스텐달은 서구 기독교가 바울이 말하는 '율법'을 이스라엘의 구원사와 관련해서 이해하는 대신 루터에 근거해서 이해함으로써 그 역사성을 무시했고, 구체적인 율법을 "'율법성'이라는 보편적인 원리"로 만들어버림으로써 "마치 바울이 유대교를 '율법성'의 종교로 만들어 공격한 것처럼 잘못 해석했다"고 비판했다.

그렇다면 원래 바울에게서 인의론은 어떤 의미를 지니는가? 스텐달에 의하면 바울의 인의론은 하느님 앞에 선 보편적인 인간의 처지를 말하는 것이 아니라 이방인을 위한 사도로서 그 자신의 구체적인 선교상황 안에 그 맥락을 가지고 있다. 즉 이방인이 하느님의 백성 안으로 들어오기 위해서는 할례를 받아야 한다고 주장했던 유대주의자들과 맞서 싸우는 과정에서 나온 가르침이라는 것이다. '믿음으로 의롭게 된다'는 그의 가르침은 인간이 어떻게 하면 구원을 받을 수 있느냐는 관념적인 신학적 질문이나 인간의 행위와 자유의지가 긍정되느냐 부정되느냐 하는 질문의 맥락에서 나온 것이 아니다. 그것은 그러한 추상적인 신학적 질문에 대한 답이 아니라 어떻게 유대인이 아닌 이방인이 하느님의 백성이 될 수 있느냐는 질문에 대한 답이었다. 그리고 그 답은 유대인은 율법을 통해서, 이방인은 믿음을 통해서 구원을 받는다는 것이었다. 이방인은 유대인의 율법을 통과하지 않고서도 하느님의 백성으로 받아들여질 수 있다. "율법의 행위가 아니라 믿음으로 의롭게 되는"(롬 3:28) 것은 이방인들이 하느님의 백성이 될 수 있는 길이다. '율법의 행위'를 통한 구원은 믿음을 통한 구원에 의해서 제거되는 것이 아니라 단지 지양되고 보충될 뿐이다.

이렇게 보면 바울의 인의론은 그의 신학의 중심이라기보다는 이방인 선교 정책의 일환이다. 바울은 결코 '율법'과 '믿음', '행위'와 '은혜'가 대립된다는 보편적인 신학적 원리를 말한 것이 아니다. 바울의 인의론을 그러한 방식의 대립으로 이해하는 것은 루터에 근거해서 바울을 이해하는 것이며, 따라서 오류이고, 그것은 결과적으로 유대교는 '율법의 행위'에 의한 의를 추구하는 저주받은 길이라고 주장하는 반유대주의의 길로 가게 된다. 그리고 실제로 서구의 역사는 그 길을 걸어왔다.

이러한 오늘날 신학자들의 연구 결과들은 인의론이 바울 신학의 핵심이라는 전통적인 견해에 심각한 도전을 제기한다. 이러한 논쟁은 복잡하고 세밀한 주석적 논의를 요하며 결론이 날 수 있는 것도 아니지만, 분명한 것은 바울 서신 가운데서 인의론적 서술은 바울이 유대주의자들과 맞서 싸우는 곳에서만 나온다는 사실이다. 이 점에 입각해서 보면 바울의 인의론적 가르침은 이방인을 위한 사도로서 그의 투쟁의 삶, 유대교와 유대주의자들과의 충돌에서 유래한 '투쟁 이론'이라는 가설이 정당해 보인다. 그러므로 인의론은 바울의 구체적인 역사적 상황에서 독특하고 의미있는 것이기는 했지만, 보편적인 신학적 원리라고 볼 수는 없다고 생각한다. 설사 이러한 사실을 아주 소극적으로만 받아들인다 해도 적어도 율법이냐 은혜냐 하는 식의 양자택일로 유대교와 기독교와의 관계를 규정하는 것은 역사적으로 정확하지 않다. 당시 유대교에도 다양한 흐름들이 존재했고, 이 흐름들을 '율법주의'라는 범주로 한꺼번에 비판하는 것은 공정하지 않기 때문이다.

이렇게 본다면 이 글 맨 앞에서 제기했던 문제, 즉 "오직

믿음만으로!"라는 슬로건을 내세워서 바울을 '율법의 행위'
와 대립되는 '믿음'의 전파자로 정형화하고, 그가 제시한 새
세상, 새 인간에 대한 비전을 개인의 내면에서 일어나는 심
리적 변화로 협소화하고 그가 마치 윤리적 진공상태를 주
장한 것처럼 해석하는 것은 적절치 않다는 사실을 알 수 있
다. 오히려 바울의 인의론 역시 앞서 말한 그의 보편적 평등
에 대한 가르침과 관련해서 이해할 수 있다. '율법'을 모르
는 이방인에게 유대인의 '율법'을 지킬 것을 요구할 수는 없
다. 그것은 보편적 평등의 원리에 위배된다. 기존 사회에서
차별을 야기하는 모든 특권들이 하느님 앞에서 무효가 되듯
이, 율법과 율법으로 말미암은 특권을 이방인들에게 내세워
서는 안 된다. 이러한 방식으로 인의론은 구원에서 율법의
효력을 지양시키며, 나아가서 하느님 앞에서 인간이 자랑할
수 있는 모든 것을 효력정지시킨다. 하느님 앞에서 인간은
빈손으로, 맨몸으로 서야 한다는 것이다. 이것은 애초부터
빈손이고 맨몸이었던 민중들에게 더욱 청명한 소식으로 들
렸을 것이다. 아마도 이러한 하느님 앞에서의 평등에 대한
선언으로서 인의론은 당시의 대중들에게 커다란 해방감을
가져다주었을 것이고, 평등공동체를 향한 인식론적 토대가
되었을 것이다.

전승, 살아 있는 삶의 역사

- 문동환, 『예수냐 바울이냐』를 읽고

1 전승과 민중 경험

    문동환의 『예수냐 바울이냐』는 최근 북미에서 이루어지고 있는 바울 연구의 결과들, 특히 바울의 생애와 사상에 대한 사회정치적 해석을 전제하며 동시에 그것과 대결하고 있다. 구체적으로 말하자면 보그와 크로산의 묵시문학적·정치적 바울 해석을 소개하고,* 그들이 제시한 바울상에 근거해서 바울을 비판하며, 예수와 바울의 관계를 대립적으로 해석하고 있다. 보그와 크로산이 묵시문학적·반제국주의적 바울을 예수와 연속선상에서 보고 옹호했다면, 이 책에서는

---

* 마커스 J. 보그, 존 도미니크 크로산, 『첫 번째 바울의 복음』, 김준우 옮김, 한국기독교연구소, 2010.

그러한 바울을 예수의 하느님나라 운동, 즉 '생명문화공동체 운동'에 반하는 것으로 보고 비판하고 있다. 보그와 크로산이 (암묵적으로) 예수와 바울을 연속적으로 이해한 것에 반해서, 두 저자의 바울 해석 자체는 거의 그대로 인정하면서 예수와 바울을 대립적으로 제시하고 있는 것이다.

비판의 핵심은 바울의 신학이 기반한 묵시문학적 메시아 기대가 힘을 추구하는 다윗왕조의 메시아 사상에 입각해 있으며, 이는 출애굽 사건을 계승한 예수의 생명문화공동체 운동에 역행한다는 것이다. 저자는 이렇게 말하고 있다.

바울신학은 예수를 유대민족이 대망하던 메시아라고 주장함으로써 예수가 창출한 '생명문화공동체 운동'을 곁길로 오도하였다. 그리고 다윗왕조가 섬기는 일개 민족의 신을 유일신이라며 앞으로 올 메시아 왕국이 온 인류를 지배할 것이라고 주장했다. 바울은 이방인들을 메시아 왕국으로 인도하는 역할을 맡았다고 자처했다. (…) 기원전 11세기에 세워진 다윗왕국의 수호신을 어떻게 온 인류의 신이라고 말할 수 있겠는가?*

* 문동환, 『예수냐 바울이냐』, 삼인, 2015, 6쪽. 이하에서는 쪽수만 표기한다.

말하자면 유대민족의 회복을 꿈꿨던 바울의 선교와 신학은 유대민족을 넘어서 온 인류의 평화와 하나됨을 추구했던 예수의 하느님나라 운동과 같이 갈 수 없고, 오늘날 산업문명의 폐해를 극복하기 위해 긴박하게 요청되는 생명문화 공동체 운동과도 같이 갈 수 없다는 것이다. 따라서 이 책의 바울신학에 대한 평가의 적절성 여부를 판단하려면, 일차적으로 바울을 묵시문학적 관점에서 기술하는 것이 타당한지, 그리고 묵시문학적 메시아 사상에 대한 이 책의 평가가 공정한지 따져 봐야 한다.

또한 묵시문학적 메시아 사상과 묵시문학적 바울에 대한 이 책의 비판은 구약성서 및 이스라엘 역사에 대한 저자의 이분법적 인식에 기반해 있다. 저자는 출애굽 사건에서부터 다윗왕정, 예언자들의 선포와 신명기 사가의 역사기술, 제국 지배하 묵시문학의 발생에 이르기까지 이스라엘의 역사를 떠돌이 민중의 해방사건인 출애굽 전통과 권력에 기반한 다윗왕정 전통으로 나누어 이분법적으로 기술하고, 예수의 하느님나라 운동은 출애굽 전통을 계승한 반면, 바울의 선교와 신학은 다윗왕정 전통을 계승했다고 본다.

그러나 이러한 이분법적인 역사 구분은 하나의 이념형으로 존재할 수 있는 것이지, 실제 역사와 민중의 삶은 그러한 이분법적인 구도를 넘나들며 전개된다. 다윗왕조가 출애굽 전승을 전유하는가 하면, 떠돌이 민중들이 다윗 전승을 전유하기도 한다. 가나안 신화와 결합한 출애굽 전승이 '용비어천가'로 둔갑하는가 하면, 민중을 수탈했던 다윗이 식민지배하 민중들에게 민중해방의 상징적 인물이 되기도 한다. 그래서 사무엘하 7장에서는 다윗왕조의 영원성과 정당성을 옹호하면서 출애굽의 하느님을 찬미하고 있고, 복음서들에서는 예수가 다윗왕가의 후손이었다고 주장한다. 이것을 후대의 첨가라거나 왜곡과 변질이라고 간단히 치부해 버리는 것만으로는 부족하다. 민중전승을 간교하게 이용했다고 지배계급을 비난하거나 어리석게도 지배자의 논리에 말려들었다고 민중을 나무라는 것도 별 도움이 되지 않는다. 그것은 전승의 수용과 변용이라는 살아 있는 과정을 이해하는데 도움이 되지 않는다. 중요한 것은 그러한 전승의 전용 과정에 연루되어 있는 인간 경험의 성격이다. 출애굽 전승이냐 다윗 전승이냐에 근거해서 판단하기보다 그 전승을 사용하고 있는 주체의 경험과 그 맥락에 근거해서 판단하는 것이 실제에 더 부합한다. 고대 이스라엘의 해방경험인 출애굽 사건과 착취적이었던 다윗왕조의 역사적 성격을 충분히 인정하면서도 그것을 하나의 이념형으로 이후 이스라엘의 역사에 적용할 때는 각각의 전승이 활용되는 맥락과 그것을 사용하는 주체 등을 좀 더 섬세하게 고려해야 한다. 따라서 이 글에서는 제임스 스코트의 '대전승'great tradition과 '소전승' little tradition에 대한 논의를 끌어들여 묵시문학의 전승사적 위치를 재고하고, 그것을 탄생시킨 서기관 계층의 경험적 성격을 이해하며, 동시에 바울에 의한 묵시문학 전승의 전용을 옹호할 것이다.*

그러나 이 책이 바울을 비판하는 데에는 앞서 언급한 이유들 말고 다른 이유가 있다. 실은 이 다른 이유가 저자에게는 더 절박했을 것이다. 그것은 오늘날의 산업문명으로 인한 폐해, 인간성 파괴에 대한 통절한 현실인식이다. 저자는 오늘의 상황에서 요청되는 삶의 변화를 이루는 데 바울의 신학이 도움이 되지 않을 뿐만 아니라, 바로 그러한 삶의 변화에 절실히 필요한 예수의 생명공동체 운동을 왜곡했다고

---

* James C. Scott, "Protest and Profanation: Agrarian revolt and the Little Tradition," *Theory and Society*, vol. 4(1977), 3~32. 이를 호슬리가 후기 제2 성전시대 대중적인 예언운동 및 메시아운동, 예수운동을 해석하는 데 적용한 논문으로 Richard A. Horsley, "Popular Messianic Movements around the Time of Jesus," *CBQ*, vol. 46(1984), 471~495; "'Like One of the Prophets of Old': Two Types of Popular Prophets at the Time of Jesus," *CBQ*, vol. 47(1985), 435~463. 이외에도 R. A. Horsley, *Hearing the Whole Story: The Politics of Plot in Mark's Gospel* (Westminster John Knox Press: 2001) 참조.

한다. 저자의 바울 평가에 대한 동의 여부와는 상관없이 산업문명의 폐해에 대한 저자의 뼈아픈 인식과 절박한 문제의식에 공감하며, 그러한 문제의식을 신학적 성찰의 출발점으로 삼은 것 역시 뜨겁게 지지한다. 오늘의 시대와 관점에서 생명문화 운동을 하는 사람이 바울과 예수의 시대적 조건을 넘어서 그들에게서 무언가를 배우고 또 그들을 비판하는 것에도 동의할 수 있다. 시대를 넘어 배울 것은 배우고 비판할 것은 비판해야 한다.

그러나 이 경우 반드시 선행되어야 하는 것은 과거의 조건이 현재의 조건과 어떻게 다른지, 즉 현재가 과거와 해석학적으로 어떻게 다른지를 밝히고, 그들의 시대적 조건 속에서 그들이 처한 곤궁과 희망, 투쟁과 좌절을 오롯이 드러내는 작업이다. 그렇지 않고 21세기의 문제의식과 주장을 가지고 곧바로 바울을 재단하는 것은 공정하지 않다. 현재의 조건을 과거에 투사시켜 동일선상에서 재단하는 것은 역사적 폭력이며 시대착오적anachronistic이다. 21세기는 여러 점에서 예수나 바울의 시대와 다르다. 그들은 그들의 시대에 그 조건에서 최선을 다해 행동한 사람들이고, 그 자체로서 존중되어야 한다. 그렇게 할 때 우리는 그들의 성공으로부터도, 또 실패로부터도 배울 수 있다.

2 바울과 다윗왕조 이데올로기

이 책에서는 먼저 이스라엘 역사에 나타나는 두 흐름, 즉 출애굽 전통과 다윗왕조 전통을 기술하고, 거기에 근거해서 각기 예수와 바울의 선교와 가르침을 기술하고 있다. 그리고 마지막에 두 사람의 삶과 사상을 비교하는데, 이 부분에서 바울과 다윗왕조 이데올로기와의 연관성에 대해 다음과 같이 요약적으로 기술하고 있다.

바울이 창출한 문화란 다윗왕조가 조성한 문화의 연장선상에 있다. 다윗왕의 문화란 이 세상 다른 왕들과 마찬가지로 강자의 탐욕과 권세욕을 채우기 위한 힘의 문화였다. 비록 출애굽의 신 야훼를 성전에 모시기는 했으나, 그 신을 자신의 뜻을 섬기는 수호신으로 모시고 야훼의 이름으로 갖가지 만행을 저질렀다. 그는 야훼를 전투의 신으로 모셨다. 그리고 그의 이름으로 주변의 약소민족들을 정복하여 노예로 삼아 부귀영화를 누렸다. 그러면서 야훼예배를 장려했다. 그 결과 이스라엘 백성들 사이에서 이 야훼예배가 삶의 중요한 부분이 되었다. (…) 그러다가 유대인들이 바빌론에 포로로 끌려간 후 유대인들은 그것을 질투하시는 하느님의 징계로 받아들였다. 그러자 다윗왕을 숭배한 예언자들은 메시아 사상을 창출했다. 야훼 하느님이 다윗왕을 사랑하셨기에 이제 이스라엘 백성들이 율법을 지키고 정성스럽게 야훼께 제사를 드리고 이방인들과 접촉을 하지 않으면 다윗의 후손에서 메시아를 보내시어 다시 다윗왕조를 회복시키시고 시온 성을 모든 멧부리 위에 높이 솟게 하시어 모든 민족들이 그 밑에 와서 살 길을 찾게 되리라는 것이다. 이것이 예수 당시 유대인의 문화였다. 바울은 이 문화를 그대로 이어받았다. 바야흐로 때가 이르러 야훼 하느님은 다시 역사에 개입하시어 그와 본질적으로 같으신 독생자 예수를 이 세상에 보내시어 로마제국의 형틀인 십자가에 달려 돌아가게 하시고 그를 다시 살리심으로써 앞으로 그를 통해 로마제국을 위시한 이 세상 권세들을 다 멸절하시고 약속하신 메시아 왕국을 이룩하실 것이라고 믿었다. 따라서 바울은 십자가에 달리셨다가 부활하신 예수를 메시아로 고백하며 그의 이름을 높이 찬양하면서 그의 재림을 대망하는 공동체를 이룩한 것이다.(227~228쪽)

저자는 여기서 다윗이 세운 문화가 바울에게까지 이어지는 과정을 기술하고 있다. 폭력적이고 착취적이었던 다윗이 조성한 문화는 바빌론 포로 이후 예언자들의 메시아 사상, 신명기 사가의 역사관 및 구원관, 묵시문학적 종말론을 거쳐 바울에게까지 이어졌다는 것이다. 또한 저자는 예수를 메시아로 숭상하고 그의 재림을 기대하는 것 자체가 참된 삶의 길을 찾은 구도자이자 생명사랑의 화신이었던 예수에게서 멀어지는 것이라고 한다. 예수는 자신이 메시아라고 하지 않았을 뿐만 아니라 메시아 사상 자체를 부정했기 때문이다.(231쪽) 그리고 예수가 십자가에 달린 것도 다윗 전통에 사로잡힌 자들을 깨우치기 위하여 채찍을 들고 예루살렘 성전에 들어가셨기 때문이다.

이렇게 천여 년에 걸친 이스라엘 전승의 역사를 일관된 하나의 흐름으로 꿰려는 시도는, 역사에서 무언가를 배워보려고 할 때, 해볼 만한 일이고 사실 의미 있는 작업이다. 그러나 구약성서와 이스라엘 역사, 바울의 삶과 선교에 대한 위의 기술에는 짚어볼 대목이 여럿 있다. 우선 역사적 다윗과 신화적 다윗의 동일성과 차이 문제, 국가의 역사라는 형태로 실험되었던 구원사가 유대왕국의 멸망으로 파국에 이른 데 대한 예언자들과 신명기 사가의 반응 및 그에 대한 신정론적 해명을 어떻게 볼 것인가 하는 문제가 있다. 그리고 바울과 관련해서 직접적으로 중요한 것은 포로기 이후 연이은 제국

의 지배하에서 제국의 종말과 민족의 회복을 대망했던 묵시
문학적 메시아 사상을 어떻게 볼 것인가 하는 문제이다.

저자는 메시아 사상만이 아니라 선민사상도, 유일신 사상
도 모두 역사적인 다윗왕조의 거짓된 지배 이데올로기에서
유래한 것이라고 보고 있다.(17쪽) 여기서는 역사적 인물이
후대의 민중 경험과 결부되어 민담이나 전설에서 영웅시되
고 신화화될 때 실제 그 인물과는 전혀 다른 형태로 변형될
뿐만 아니라 때로는 정반대의 모습으로 바뀌는 일이 일반적
으로 일어난다는 사실을 언급해 두고자 한다. 일찍이 종교
학자 엘리아데는 역사적 인물이 신화화되는 과정에 대해 기
술했다.* 그에 따르면 역사적 사건이나 실제 인물에 대한 회
상은 기껏해야 2, 3세기 동안밖에는 민간 기억 속에서 존속
하지 않는다. 민간 기억은 개개의 사건과 실제 인물에 대한
기억을 유지해 나가기 어렵기 때문에 사건 대신 범주가, 역
사적 인물 대신 원형이 민간 기억의 구조를 이루게 된다. 따
라서 특정 서사가 이른바 역사적 진실을 보존한다고 하더라
도 그것은 실제 구체적 인물이나 사건과는 별 관계가 없다
는 것이다. 대체로 이러한 영웅화, 신화화 작업은 그 집단의

---

* M. 엘리아데, 『우주와 역사』, 정진홍 옮김, 대한기독교서회, 1976, 58~77쪽.

엘리트들에 의해 시작되지만, 민중들 사이에서도 유사하게 적용되고 해석된다. 가령 알렉산더 대왕이라든가 페르시아의 다리우스 왕, 러시아의 키에프 역사시에서 읊고 있는 많은 영웅들의 신화화가 동일한 과정을 겪었고, 특히 여기서 논의의 대상인 역사적인 다윗왕이 메시아로 신화화되는 과정 역시 마찬가지였다.

민중은 자신들의 현재적 경험 속에서 역사적 기억을 신화적으로 재창조한다. 그러므로 신화적 다윗은 민중을 수탈했던 역사적 다윗의 부담을 지지 않는다. 뿐만 아니라 제국의 지배 아래서 제국과 결탁한 사제 귀족세력으로부터 착취당하며 괴로움에 시달리던 민중은 자신들을 착취 없는 새로운 세상으로 이끌어줄 해방적 인물로 신화적 다윗, 다시 말해 다윗적 메시아를 대망하게 되었을 것이다. 아마도 일개 용병에 지나지 않았던 다윗이 블레셋의 대군을 물리쳤다는 집단적 기억이 막강한 군사적 위용을 떨치는 제국군대를 물리치고 자신들을 해방시켜줄 인물에 대한 기대와 결부되어 다윗적 메시아상으로 재창조되었을 것이다. 물론 다윗 메시아상은 지식 엘리트들에 의해 처음 형성되었겠지만, 민중에 의해 전유되는 과정에서 그들의 역사적 경험과 결부되어 역사적 다윗의 억압적 성격이 탈색되었을 것이다. 민중이 거짓된 다윗왕조 이데올로기에 속아넘어간 것이 아니라, 자유로운 민중적 상상력이 발휘된 것이고, 살아 있는 민중 경험 속에서 이루어진 역설적 재창조라고 할 수 있다. 그러므로 제2이사야와 후기 예언서들, 유대 묵시문학적 신화에서 기대하는 다윗적 메시아는 역사적 다윗과 실질적으로는 별 관련이 없으며, 다윗적 메시아가 역사적인 다윗왕조의 지배 이데올로기를 대변한다고 할 수도 없다. 역사적 다윗이 폭압적이었다고 해서 다윗 메시아 사상을 비판할 수는 없다. 신화와 역사 사이에는 건널 수 없는 '저 바다'가 있기 때문이다.

이와 관련해서 리처드 호슬리의 지배자전승과 농민전승에 관한 논의가 도움을 줄 수 있을 것이다. 그는 정치학자 제임스 스코트의 '대전승'과 '소전승'에 관한 논의를 이스라엘 전승에 적용했다. 스코트는 지배자들과 농민들이 전승을 형성하는 상이한 방식에 대해 기술했다. 그에 따르면 두 집단의 상이한 전승형성 방식은 도시를 중심으로 한 지배자들 및 그 대변자들과 농촌 촌락에 살면서 지역의 관습에 따라 삶을 꾸려가는 농민들 사이의 구조적인 차이에 근거한다.[*]

---

[*] 이하의 이스라엘 '대전승'과 '소전승'에 관한 논의는 R. A. Horsley, *Hearing the Whole Story: The Politics of Plot in Mark's Gospel*, 149~176 참조.

그는 "농민들이 가치 있다고 생각하는 독특한 신념 및 행동양식"을 소전승이라고 하고, 이에 대비되는 지배계급의 신념 및 행동양식을 대전승이라고 했다. 기록된 대전승도 결코 하나로 통일되어 있지 않지만, 구전에 기반한 소전승은 더더욱 통일되어 있지 않았다. 대전승과 소전승을 가르는 문화적 거리는, 예를 들어, 주거, 수입, 소비, 언어, 종교적 실천, 교육, 법적 지위, 인종과 같은 문제들에서도 인식될 수 있다.*

호슬리에 따르면, 대전승과 소전승은 대개는 평행을 그리지만, 상호관련되기도 하고 서로 영향을 미치기도 한다. 대전승은 기존의 민중전승에서 유래할 수 있고, 그것을 각색 또는 변경할 수도 있다. 가령 이스라엘 전승의 경우, 서기관-사제 엘리트에 의해 생산된 히브리 성서문헌들은 초기 이스라엘의 출애굽 경험과 가나안 왕들을 물리친 승리에 관한 민중전승들을 전수받아 전하고 있지만, 그것들을 왕정과 예루살렘 성전의 확립으로 이어지는 더 큰 이야기의 틀 안에 집어넣어 대전승으로 변형해서 전승했다. 또한 예루살렘에 기반을 둔 왕들에 관한 신명기 역사는 억압적인 왕 아합

* Scott, "Protest and Profanation," 5~9.

에 대항해 민중저항을 이끌었던 엘리야의 이야기마저도 각색했다. 다시 말해 원래는 북이스라엘의 민중설화였던 것을 그들 나름의 의도에 맞추어 공식 예루살렘 역사에 편입시켰다. 또한 원래 수세기에 걸쳐 이스라엘 농촌 촌락민 사이에서 형성되었던 모세 계약법은 각색을 거쳐 왕정 또는 성전국가의 법이 되었다. 기원전 7세기 후반 요시야 왕에 의해 수행된 신명기적 '개혁'과 레위기의 '성결법전'이 그러한 예라고 할 수 있다.

반면 원래 예루살렘에서 나왔고, 예루살렘 세력에 의해서, 또는 두루마리 기록으로 보존되었던 이사야나 예레미야의 예언 신탁들은 예루살렘에 기반을 둔 대전승의 대변자들과 직간접적으로 접촉함으로써 촌락민들에게 알려졌을 것이다. 문맹이었던 농민들은 문서화된 기록을 남기지 않았기 때문에 이스라엘의 소전승, 즉 민중전승에 직접 접근할 수는 없지만, 호슬리에 따르면 대전승이라 할 수 있는 히브리 성서에 편입된 이스라엘 전승들을 통해 농민들의 소전승의 면모를 간접적으로 추측할 수 있다. 그에 따르면, 반半자율적이었던 마을공동체에서 마을공동체의 일들은 지역의 관습과 문화에 따라 이루어졌다. 그런 지역 관습에는 이스라엘의 오랜 전통이 포함되었다. 특히 중요한 것은 안식일 준수와 같은 모세 계약전승, 그 외 계약 법령들이었다. 갈릴리의 민중적 이스라엘 전승에는 출애굽 이야기 같은 이스라엘 왕정 이전의 이야기들, 북이스라엘의 영웅들과 드보라 같은 여걸에 관한 이야기들(삿 5장), 왕정 시기 예루살렘에 대한 반란, 엘리야와 엘리사 이야기 같은 억압적인 통치자들에 대한 저항 이야기도 포함되었을 것이다. 반면 예루살렘의 대전승인 토라는 예수보다 100년 전 즈음에서야 갈릴리에 도입되었으며, 아마도 일차적으로는 갈릴리 촌락민들과 예루살렘 성전-국가의 관계에 대한 전반적인 지침으로서, 십일조와 헌물 같은 문제를 다루었을 것이다. 바리새파와 그 외 서기관들은 관리로서 율법의 적용과 해석이라는 방식으로 갈릴리 촌락민들과 성전-국가 사이의 관계를 중재하는 책임을 맡고 있었을 것이다.

이스라엘의 전승에 관한 호슬리의 연구는 대전승과 소전승으로 이스라엘 전승이 평행적으로 전해져 왔다는 것을 전제하면서도 예루살렘에 기반을 둔 지배계급을 중심으로 한 기록전승, 즉 대전승과 농촌 촌락에 기반을 둔 소전승이 각기 상이한 역사적 경험을 통해 어떻게 전승을 형성해 갔는지 그 살아 있는 과정을 규명해 주었다. 두 전승은 각기 독립적으로 병행해서 발전되었지만, 동시에 상이한 역사적 경험에 근거해서 서로 상대방의 전승을 전유했다. 즉 서로 상대방 전승에 기원을 두면서도 그것을 변형시켜 가며 발전했다. 상이한 경험적 차이는 예루살렘에 근거한 대전승과 농촌의 촌락들에서 전수되는 민중전승 사이에 상당한 간극을 만들어 놓았다. 따라서 대립은 출애굽 전승이냐 다윗 전승이냐에 있는 것이 아니라, 대전승과 소전승 사이에, 출애굽 전승과 다윗 전승을 서로 전유하면서 대전승과 소전승으로 전수해 온 역사적 경험의 차이에, 다시 말해 도시를 중심으로 한 지배자 계급 및 그들의 대변자들과 농촌 촌락을 중심으로 한 농민들의 삶 자체에 있다.

3 신명기계 역사가와 묵시문학

문동환의 『예수냐 바울이냐』에서는 신명기계 역사서의 사관과 거기서 파생된 묵시문학적 세계관, 그리고 그것을 계승한 바울까지를 민중적 삶과는 거리가 먼 반생명적 사상으로 보고 있다. 또한 이러한 문헌들에 나타나는 사상과 바울과의 관련성을 주로 신화적인 차원, 즉 이들이 공유하고 있는 메시아 사상, 종말론적 대망 등과 관련해서 언급하고 있다. 그것이 민족주의의 한계를 벗어나지 못했을 뿐만 아니라 오늘날 현대인으로서 받아들이기 어렵다는 것이다. 그러나 이러한 평가는 오늘의 관점을 고대의 본문에 무리하게 적용한 것이다. 그 시대의 절박성, 긴박성과 관련해서 본문과 그 배후의 인간 경험을 이해하고 평가해야 한다. 이때 주목해야 할 것은 신명기계 역사서와 묵시문학 본문을 탄생시킨 주체들의 역사적 경험이다. 이러한 본문들을 탄생시킨 것은 민중이 아니라 유대 지식인들, 그중에서도 소수 사제-서기관 계층이었다. 이중에서도 특히 서기관 계급이 중요하다. 이들의 경험과 관련하여 신명기계 역사서와 묵시문학의 의미를 해석할 필요가 있다.

신명기계 역사서나 묵시문학이나 기본적으로 사제-서기관 계급의 생산물이며, 따라서 대전승에 속한다고 할 수 있다. 그러나 오늘날 지식인들이 다 똑같은 지식인이 아니고, 그 정치적 지향성이나 세계관이 같지 않듯이 당시에도 그랬다. 더욱이 굴곡 많은 이스라엘 역사 속에서 이스라엘의 지식계층, 다시 말해 사제-서기관 계층은 저항적 담론들을 탄생시켰다. 이들은 촌락공동체에 기반한 농민들과 삶을 공유하지는 않았지만, 지식 엘리트로서 역사적 위기와 민족의 고난을 하느님의 정의와 구원사에 대한 그들 나름의 생각의 틀 안에서 성찰하고 해석하여 독특한 위기담론을 탄생시켰다. 신명기계 역사서와 묵시문학 작품들을 탄생시킨 사제-서기관 집단 역시 그러한 맥락에서 이해할 수 있다.

구약성서 기술의 근저에는 국가 아닌 대항사회로서 '하느님의 백성'이라는 유토피아와, 국가형태로 조직화된 사회와의 대결이 깔려 있다. 이것은 '신명기계 역사서'에 아주 두드러지게 나타난다.* 신명기계 역사서는 북이스라엘과 남유다의 패망을 경험한 기원전 6세기에 그러한 파괴와 고통의 사건이 왜 일어났는지 신학적으로 설명하고 있다. 국가의 멸망에 대한, 국가라는 형태로 '하느님의 백성'이라는 이상을 실험했던 것이 실패로 돌아간 데 대한 신학적 설명인 것이다. 신명기계 역사가는 이에 대해 하느님의 잘못이 아니라 이스라엘의 '죄' 때문이라고 설명하고 있다. 이스라엘 역사를 이스라엘 왕과 백성이 저지른 죄악의 역사, 야훼 하느님과 맺었던 계약 위반의 역사로 묘사함으로써(수 23:12-16; 삿 2:11-22; 삼상 12:12-25; 왕하 17:7-18; 21:1-16 등) 왕국 멸망과

---

* '신명기계 역사서'란 구약성서 신명기의 핵심사상에 입각해서 쓰어진 역사서로서 여호수아서에서부터 사사기, 사무엘상하, 열왕기상하를 가리킨다. 이하의 신명기계 역사가에 대한 기술은 필자의 졸고, 「국가의 역사, 하느님의 백성의 역사」, 『행복하여라! 하느님나라의 사람들』, 한울, 2015, 173~194쪽 참조.

포로라는 파국은 이스라엘의 죄에 대한 하느님의 벌이고, 따라서 파국에 대한 책임은 오로지 이스라엘 측에 있다는 것을 보여주고자 했던 것이다. 이렇게 보면 그들이 당하는 뼈아픈 고통과 파국은 야훼의 패배나 무력함을 나타내는 것이 아니라, 오히려 하느님의 정의와 힘을 드러내는 것이 된다. 이렇게 해서 신명기계 역사가는 국가의 멸망이라는 비극적 상황 앞에서 하느님을 정당화하는 데 성공했다.

물론 신명기계 역사서는 유대 농민의 작품이 아니며, 신명기계 역사서의 사관도 민중에게서 비롯된 것이 아니다. 오늘날 학자들에 따르면 이 역사서를 쓴 역사가들은 유대 궁정에서 공적 기록의 편집에 종사했던 서기관들로, 이들이 가지고 있던 자료들, 예를 들어 국가의 운영과 관리에 필요한 행정문서, 실록, 국가선전을 위한 본문들이 신명기계 역사서를 구성하는 원자료가 되었으며, 이것들은 당연히 모든 사회문제의 해결방책은 국가라는 관점에 입각해 있었다. 그들은 예루살렘 함락 후, 자신들의 손에 있던 풍부한 사료를 가지고 미스바로 도망가서(왕하 25:23) 거기서 이스라엘의 가나안 정착으로부터 왕국 멸망에 이르기까지 하나로 이어지는 장대한 역사서를 편집했다고 한다. 국가붕괴 이후 신명기계 역사가는 원자료의 관점과 달리 국가에 대해 비판적인 방향으로 자료의 경향을 바꾸어 편집했다.

이들의 가슴속에 꺼질 줄 모르고 타올랐던 질문은 "왜 야훼께서 이 땅에 이렇게 하셨는가? 타오르는 이 큰 분노는 어찌 된 것인가?"(신 29:23)라는 물음이었다. 이것은 그들의 국가에 대한 분노로 이어졌고, 구체적으로는 이스라엘을 이방 제의, 우상숭배로 이끈 왕들의 죄에 대한 고발로 이어졌다. 야훼의 분노에 관한 정형화된 문구들은 신명기계 역사서의 모든 책들에 나오지만 특히 열왕기에 기술된 타락한 왕들에 대한 판결에서 무더기로 나온다.(왕상 16:26; 22:53-54; 왕하 21:6)

야훼 하느님의 분노는 정확히 왕들을 향해 있다. 그 화살은 현실적인 의미에서 국가를 발전시키고 외교적으로 유능했던 왕들, 심지어 다윗, 솔로몬 같은 왕들도 비껴가지 않는다. 기준은 한 가지, 야훼 하느님과의 계약위반의 죄, 즉 우상숭배이다. 하느님은 우상숭배로 이끈 왕들을 심판하고 징벌하신다. 그런데 물질적 번영과 문화적 교류를 추구하고 실리적 외교를 펼쳤던 지극히 상식적이고 소위 유능한 왕치고 '우상숭배의 죄'에 대한 신명기계 역사가의 비난을 면한 사람이 없다. 실제로 신명기계 역사가가 비난했던 왕들, 가령 므나세 같은 왕이 정치적으로나 외교적으로 유능한 경우가 더 많았고, 반대로 그들이 칭찬했던 왕, 가령 히스기야나 요시아 왕은 현실적으로 보면 무모했다.

신명기계 역사가가 반복해서 말하는 '우상숭배의 죄'에 대한 비난은 이 책에서도 지적하듯이 오늘날 현대인의 감각으로는 받아들이기 어려운 점이 분명히 있다. 오로지 야훼만을 내세우는 고집불통의 야훼중심주의, 게다가 그것을 표현하는 언어들이 보여주는 지독한 여성혐오 경향 역시 문제가 심각하다. 그러나 종교적 광신주의, 배타주의로 읽힐 수 있는 이 과도함이 왕정비판, 권력비판이라는 맥락과 결부되었을 때 엄청난 에너지를 지닌 정치적 열정으로 끓어오른다. 신명기계 역사가는 이 무시무시한 정치적 열정을 지렛대로 삼아 700년에 이르는 이스라엘 역사 전체를 들어올렸고, 그 결과 다 죽어가던 그들의 하느님 야훼를 기사회생 시켰으며, 포로기 이후 국가 없이도 유대교와 유대인이 하나의 사회적 실체로 존속할 수 있게 했다. 유례없이 첨예한 죄의식을 덤으로 떠안은 채 말이다. 그러므로 신명기계 역사서의 완고한 야훼중심주의는 사실상 권력에 대한 비판, 권력의 탈신성화가 이루어질 수 있었던 근거였다.

이렇게 보면 이스라엘의 멸망에 직면하여 하느님을 정당화하고자 했던 신명기계 역사가의 과업은 정치적 성격을 지닌다. 그리고 이 정치신학의 현실적인 의미는 왕권비판, 하느님의 뜻을 실천하는 방식으로서 국가라는 실험의 실패에 대한 책임을 왕을 비롯한 지배집단에게 엄중하게 묻는다는 데 있다. 그들은 국가의 번영과 발전에 대해 요란스럽게 선전선동하고 마치 온 세상을 자기들이 이끌어가는 양 수선을 피웠지만, 정작 삶의 가장 단순하고 소박한 원리, 야훼 하느님이 주신 계약법에 따라 살지 못했다. 화려한 궁전, 웅장한 성전을 건축하고 온갖 미사여구를 동원해 자신들의 치적을 선전했지만, 그것은 그들만의 잔치였을 뿐 허리 굽혀 땅에 무릎 꿇고 심고 가꾸고 거두는 농민들이 자기 자신으로 살아갈 수 있는 길을 가로막았다. 아마도 국가의 역사에 대한 대응개념으로서 '하느님의 백성'의 역사, 즉 구원사의 흐름이 현실적으로 의미하는 바가 바로 그런 것이라고 할 수 있을 것이다. 그것은 야훼중심주의를 통한 권력의 탈신성화와 그에 따른 반지배주의 외에 다른 것이 아니다. 야훼중심주의는 끊임없이 국가권력을 '하느님의 백성' 앞에 소환하는 법정이었던 것이다.

그러므로 우상숭배에 대한 신명기 사가의 격렬한 비판은 결코 "관념적이지도, 독단적이지도" 않으며, 이들 지식 엘리트가 민중의 삶에 기여하는 한 방식이었다고 할 수 있다. 우상숭배에 대한 이들의 극렬한 비판이 오늘 현대인의 입장에서 받아들이기 어려워도, 또 그것이 보수 개신교인들에 의해 타종교를 폄하하는 근거로 악용된다 해도, 그것은 국가 멸망이라는 위기 앞에서 자신들이 섬기는 하느님을 구해내고 국가권력을 넘어선 자치적이고 자급적인 삶에 대한 민중적 기대에 부응하는 지식인들의 행위의 한 방식이었다. 그들은 자기 시대의 한계 안에서, 또 지식인 '먹물'로서 자기 한계를 드러내는 방식으로, 다시 말해 대전승의 틀 안에서 말했지만, 그렇게 함으로써 민중적 삶에 기여한 것이다.

이것은 신명기 역사가의 사관을 이어받은 묵시문학의 경우도 마찬가지다. 묵시문학 본문들에 나타나는 주된 관심사는 외국 통치자들의 지배 아래 있던 유대 백성의 절망적인 상황과 그로 인해 생겨난 의문, 즉 하느님이 여전히 역사에 대해 주권을 가지고 계신지에 대한 의문이다. 신명기 사가가 제시했던 답, 즉 우상숭배의 죄를 멀리 하고 정의롭고 평등한 삶을 살면 하느님이 다시 이스라엘을 회복시키리라는 약속은 거듭되는 제국의 지배 아래서 더 이상 유지될 수 없었다. 이러한 절망적인 상황에서 다시 한번 역사에 대한 하느님의 주권을 확인하고 그럼으로써 역사에 대한 희망, 정의롭고 평등하고 평화로운 삶에 대한 희망을 회복하고자 했던 것이 묵시문학가들의 관심사였다고 할 수 있다.

묵시문학 작품들에서는 억압적인 제국의 통치에 강인하게 저항했던 사람들이 주요 인물들로 등장하는데, 이것은 이 본문들을 작성한 사람들이 그런 사람들임을 시사한다.* 그들은 제국의 압제에 저항하고, 그로 인해 순교 당한다. 이들의 저항과 궁극적으로는 하느님의 개입에 의해 제국에 대한 심판이 이루어지고, 이스라엘이 회복되며, 순교자들이 신원된다.

당시 유대 서기관들은 유대의 거룩한 전승들에 대한 지식을 활용하여 성전을 지배하는 사제귀족들에게 전문적인 조언을 했다. 그러나 그들이 섬기던 사제귀족들이 제국 지배자들과 결탁하여 전통적인 유대인들의 삶의 방식이 위협받았을 때, 이 지식인들은 자신들의 후원자들과 자신들이 수호하고 있는 전통 사이에서 갈등하게 된다. 그리고 적어도 반체제적이었던 소수 지식인 그룹이 제국의 지배에 저항했다. 묵시문학이라는 제2 성전시대 유대 본문들은 그러한 투쟁의 표현으로서, 극도로 억압적이었던 헬레니즘 및 로마의

---

* 예를 들어 「파수꾼들의 책」에 나오는 '의로운 서기관', 「모세의 유훈」에 나오는 '타코와 그의 제자들', 다니엘 10~12장의 마스킬림이 그렇다.

지배에 저항하고 있다.

　서기관들은 그들이 받은 훈련으로 보나 사회적 위치로 보나 보수적이었다.* 성전국가에서 지식인으로서, 법률자문으로 일하도록 훈련받으면서 그들은 다양한 유대 문화적 유산을 학습하는 것은 물론이고 사제귀족에게 복종하도록 배웠다. 게다가 경제적으로 성전국가에 의존했기 때문에 그들의 보수성은 배가되었다. 그러나 동시에 서기관들은 자신들이 수호하는 율법과 예언서, 다양한 종류의 지혜에 보존된 가치들과 이상에 헌신했다. 게다가 율법과 예언이 하느님으로부터 왔다고 여겼기 때문에, 서기관들은 자신들의 후원자였던 귀족들보다 훨씬 우월한 하느님의 권위를 존중했다. 그들의 보수적 성격을 감안한다면, 아마도 대부분의 서기관들은 자신의 귀족 후원자들이 어떤 길을 가든 그들에게 충성을 바치거나 아니면 속을 드러내지 않았을 것이다. 그러나 성전국가의 우두머리들이 제국정권과 지나치게 긴밀하게 협력했을 때 소수의 서기관들은 반대했다. 지배적인 귀족분파가 전통적인 유대인들의 삶의 방식을 버리고 헬레

* 묵시문학을 탄생시킨 서기관들에 대한 이하의 서술은 R. A. Horsley, *Revolt of the Scribes: Resistance and Apocalyptic Origins* (Minneapolis: Fortress Press, 2010), 1~18 참조.

니즘 법을 끌어들였을 때, 그들은 자신들의 '보수성'을 통해, 즉 지극히 높으신 하느님의 권위에 충성함으로써 저항했다. 이러한 저항은 예수 시대까지 이어졌다.

묵시문학의 이러한 '독립선언'은 그것을 작성한 서기관 집단 안에서 강력한 힘을 발휘했을 것이다. 유대 서기관들은 후원자들에 대한 충성과 계약 율법에 대한 헌신 사이에서 "중간에 끼어 있다"고 느꼈을 뿐만 아니라, 진퇴양난에 처해 있다고 느꼈을 것이다. 하느님과 계약에 대한 복종은 제국에 의해 사형선고를 받는 것이나 다름없었고, 죽음을 피하기 위해 하느님의 계약에 불순종하는 것은 하느님을 저버리고 하느님으로부터 버림받는 것을 의미했다. 계약 율법과 예언 전통의 수호자로서 유대 서기관들은 쓰라린 신앙의 위기에 봉착했음에 틀림없다. 그러나 그들은 불굴의 믿음으로 하느님이 자신들을 버렸다거나 역사에 대한 지배권을 잃으셨다는 생각을 떨쳐버릴 수 있었다. 하느님은 제국의 통치를 결정적으로 종식시킴으로써 역사의 위기를 해결하실 것이고, 새로워진 땅 위에서 백성들을 회복시킬 것이다. 묵시문학 본문은 서기관 집단만이 아니라 다른 사람들에게도 계속해서 저항하도록 동기부여를 했을 것이다. 많은 다니엘서 사본들과 에녹서 사본들이 사해문서 가운데서 발견된 것도 이러한 사정을 말해 준다.

무엇보다도 놀라운 것은 적어도 서기관들 가운데 소수 집
단이 엄청난 개인적 위험을 감수하고, 죽을 것을 알면서도
제국의 지배에 저항했다는 사실이다. 이러한 고대 유대 서
기관들의 저항은 오늘날 우리에게도 시사하는 바가 크다.
오늘날의 중간적 인간들, 즉 지식인들 역시 이 묵시문학가
들처럼 제국의 정치·경제·군사적 힘이 민중을 파괴하고 수
탈하는 것을 밝히고, 고대 유대 지식인들이 그랬듯이 많은
사람들이 알아들을 수 있는 언어로 말하고 그 힘들에 저항
할 의무가 있지 않은가? 이들의 신화적 언어를 액면 그대로
받아들여 세계종말, 우주적 대파국을 기대했다고 받아들이
는 것은 이들을 피상적으로 이해하는 것이다. 실은 이들이
야말로 극단적인 폭력과 파괴의 위협 앞에서 회복과 새로운
창조의 희망을 지켜낸 사람들이다.

묵시문학에 대한 예전의 해석에서는 다가올 "우주적 대
파국"을 강조했고, "묵시사상"은 세상의 종말에 관한 것이
라는 대중적 관념을 강화했다. 묵시문학은 역사에는 희망
이 없고, 역사는 악한 세력의 지배하에 있으며, 다가올 "우
주적 대파국"에 의해 파멸한다고 주장했다는 것이다. 문동
환의 『예수냐 바울이냐』에서도 묵시문학에 대한 이러한 대

중적 관점을 전제하고 있다. 그러나 실은 그 반대이다. 묵시
문학에서는 겉보기와 달리 역사는 절망적이지 않다고 한다.
이 본문들은 제국의 지배자들이 가신Client 백성들에게 어떻
게 폭력을 행사했고, 그들의 자원을 빼앗아 갔는지에 초점
을 맞추고 있다. 그리고 그러한 불행과 고통은 하느님께 반
란을 일으킨 초인간적이고 야수 같은 세력이 탄생시킨 탐욕
스러운 통치자들 때문이라고 한다. 그러나 하느님은 또 다
른 초인간적 세력들과 함께 역사의 주권을 되찾기 위해 투
쟁을 벌인다. 결국 하느님은 제국의 억압을 종식시키고, 백
성들의 주권을 회복시킬 것이다. 그러므로 원칙을 충실하
게 지키다 보면 역사의 전환이 도래하고, 신실한 서기관들
은 신원될 것이다.(단 12장) 이 저항적 서기관들은 일차적으
로 자기 자신들에게, 자기 집단에게 이런 말을 함으로써 자
신을 지켰고, 저항을 계속했으며, 그럼으로써 타인에게 영
향을 끼쳤을 것이다.

그러므로 오늘날 지식인들은 고대의 이 유대 지식인들이
했던 묵시문학 활동으로부터 무언가를 배울 수 있다. 이 유
대 지식인들이 자신들을 극단의 위기로 몰아넣은 헬레니즘
제국과 로마제국의 정체를 자신들의 언어로 폭로했듯이, 오
늘의 지식인들 역시 오늘날의 제국주의 세력이 무엇인지 알

아들을 수 있는 언어로 밝혀야 한다. 괴물 같은 전 지구적 자본주의 세력이 어떻게 파괴적이고 억압적인 영향력을 행사하고 있는지 밝혀야 한다. 그리고 고대 유대 서기관들과 마찬가지로 우리 역시 지배적인 질서와 협력하도록 압력을 받고 있다는 사실을 인식하고, 거기에 저항하는 것이 어떻게 가능할지 찾아가야 한다. 다시 말해 오늘날의 지식인들은 세계를 파괴한 제국의 세력이 누구인지 분간하고 명명하는 법을 고대 유대 서기관들로부터 배울 수 있으며, 세상을 파괴하는 것이 아니라 새롭게 하는 것이 하느님의 뜻임을 깨달을 수 있다. 반드시 필요한 역사적 행동을 함으로써 세상을 풍요로운 인간 삶을 위한 장으로 만드는 것이 하느님의 뜻이라는 것을 말과 행동으로 보여주어야 한다.

이러한 기본적인 인식 위에서 묵시문학의 한계 역시 말할 수 있을 것이다.* 그러나 후기 제2 성전시대 '묵시문학' 본문을 그것을 탄생시킨 주체의 역사적 경험과 관련하여 검토해

---

* 몇몇 묵시문학 본문들에서는 심판과 갱신을 위한 하느님의 행동을 묘사할 때 제국 통치자들의 폭력적인 행위를 투사했다. 가령 에녹서 안에 들어 있는 "동물 환상"과 10주 역사개관에서는 의로운 심판을 하도록 "양들", 또는 "의로운 자"에게 커다란 칼이 주어지는 것으로 묘사하고 있다. "동물 환상"에서는, 헬레니즘 왕들과 로마 장군들이 도시와 마을들을 불로 정복하고 파괴했듯이, 주님이 천상의 세력들을 파괴하고 불로 "목자들"을 파멸시키는 것으로 묘사하고 있다.

보면, 그것을 작성한 서기관들의 관심이 『예수냐 바울이냐』에서 전제하고 있는 것과는 전혀 달랐다는 것을 알 수 있다. 절망에 빠져 역사로부터 멀어지기는커녕 그들은 환상들과 예언자적 신탁을 해석하는 일을 통해 유대 백성을 억압하는 세력이 무엇인지 밝혔다. 세계의 종말을 기다린 것이 아니라 그들은 제국의 종말을 기다렸다. 그리고 우주 대파국의 그림자 아래 살아갔던 것이 아니라, 인류의 사회적 삶이 새롭게 시작될 새로운 세계의 탄생을 기다렸다. 바울도 그랬다.

4 바울의 교회들

『예수냐 바울이냐』에서는 보그와 크로산의 묵시문학적 바울 연구를 간단히 다음과 같이 요약하고 있다.

바울은 앞으로 메시아가 와서 온 인류를 위한 참된 평화의 주가 되어야 하는데 폭압을 일삼는 로마 황제 아우구스투스가 평화의 주라고 하니 이를 받아들일 수가 없었다. 그랬는데 로마제국이 정치범으로 십자가에 못 박은 예수를 하느님이 다시 살리셨다고 믿게 된 것이다. 이 믿음에 따라 바울은 하느님이 그의 아들 예수를 통해 이 세상 권력을 물리치고 최종적인 하느님나라를 이룩하시려는 것임에 틀림없다고 생각하게 되었다.(158~159쪽)

말하자면 로마제국의 지배로부터 벗어나게 해 줄 유대 묵시문학적 메시아에 대한 기대를 가지고 있던 바울이 예수를 그러한 메시아로 오인했고, "예수가 언젠가 재림해서 메시아 왕국을 이룩할 것이라 믿고, 예수를 믿으면 이방인까지도 메시아 왕국의 시민이 될 수 있다고 주장하면서 예수를 기다리는 대망공동체를 조성했다"(16쪽)는 것이다. 여기서 더 나아가서 저자는 이 사상이 훗날 "로마황제 콘스탄티누스 대제의 영향으로 기독교 신학의 지반이 되고 말았다"(16쪽)고 한다. 저자는 "이와 같은 사고를 끌어낸 계시록(묵시문학) 사상이란 것이 다윗왕조가 조성한 메시아 사상의 변형이요 땅 위의 역사와는 아무런 관련이 없는 관념에 불과하다"(159쪽)고 한다. 그리고 "기독교가 세상의 정치와 결합하면서 엉뚱한 종교로 변질되어 예수가 이룩해 놓은 생명문화공동체 운동과는 아무 관계도 없는 종교가 되고 만 것"(16쪽)은 바울의 묵시문학적 메시아 기대 때문이다. 따라서 이 점을 밝혀내고 산업문화가 인류를 죽음의 골짜기로 몰고 가는 오늘날 어떻게 하면 생명문화공동체 운동을 다시 재건할 수 있을지를 탐구하는 것이 이 책의 과제라고 했다.

저자에 따르면 예수는 로마제국과 대결하다 십자가에 돌아가신 것이 아니다. 그는 다윗 전통이 하느님의 뜻에 역행하는 죽음에 이르는 전통이라고 보고 그 전통 때문에 수탈당하고 죄인 취급을 받는 자들을 해방시키기 위해 온몸을 바쳤다. 저자에 따르면 예수가 대결한 것은 로마제국이 아니라 그릇된 다윗왕조의 전통이다. 그러나 다윗왕조의 전통에 선 바울의 눈에는 그것이 보이지 않았다. 그의 관심사는 악랄하고 허위에 가득 찬 로마제국이었다. 따라서 예수를 십자가에 못 박은 것은 로마제국이요, 그 예수를 하느님이 다시 살리셨다고 생각한 바울은 예수의 삶을 완전히 그릇된 각도에서 해석하고 말았다.(172쪽) 바울은 예수가 다시 올 때까지 믿음·소망·사랑을 가지고 따뜻한 가정처럼 살라고 했지만, 그 공동체들이 정말 바울이 말한 사랑으로 서로 나누고 용서하고 섬기는 종말론적 공동체가 되지 못했다고 한다.(190쪽) 그리고 주님이 곧 오시니 깨어서 기다리라고 한 종말은 이천 년이 지나도록 오지 않았고, 대망공동체의 신앙고백은 그 후 여러 세기에 걸쳐 교회의 신앙고백에 심각하게 부정적인 역할을 했다는 것이다. 그러므로 이제 산업문명의 폐해가 극에 달한 시점에서 새로운 생명문화 운동을 위해서는 "새 술을 새 부대에", 다시 말해 다윗왕조의 메시아 사상에 찌든 바울신학을 탈피하여 예수에게로 돌아가야 한다고 주장하고 있다.

저자는 여기서 기독교 이천 년 역사의 오류의 기원을 바울이 잘못 받아들인 메시아 기대에서 찾고 있다. 우선 이러한 역사적 환원주의는 받아들이기 어렵다. 각 시대는 시대마다 오류와 책임이 있으며, 일차적으로 각 시대의 현실에서 역사적 과오와 책임을 물어야 한다. 또한 바울의 공동체들이 바울의 가르침대로 살지 못했다는 것이 그의 선교와 삶이 틀렸다는 증거가 될 수는 없다. 성공이 옳았다는 증거가 될 수 없듯이, 실패가 틀렸다는 증거가 될 수 없다. 오히려 바울이 편지에서 드러내고 있는 공동체의 많은 문제점들은 구원을 기대하는 메시아적 공동체가 현재에 어떠한 위기와 분열에 봉착할 수 있으며, 그것을 어떤 방식으로 해결해나가야 하는지에 대한 하나의 지침이 될 수 있다. 바울이 세운 공동체들을 대망공동체로 규정하고, 그것을 관념적이자 종말론적인 망상에 사로잡힌 공동체로 규정하는 것은 실제 공동체의 삶, 그리고 그 속에서 이룬 평등공동체적 이상, 대안적 삶을 위한 바울의 노력 등을 일체 고려하지 않은 것이다.

　예수와 바울 당시 로마제국은 공화정에서 제정으로 이행하는 과정에서 오랜 내전을 겪은 직후였다. 옥타비아누스가 아우구스투스로 숭상받고 soter, 즉 구세주라는 명칭을 얻은 것은 바로 이러한 고통스러운 내란을 종식시키고 평화를 가져왔기 때문이었다. 따라서 바울의 선교 지역이었던 로마제국 도시 인민들에게 구원은 일차적으로 정치적 의미를 지녔다. 이러한 맥락이 아마도 초대교회가 자신을 ekklesia, 즉 민회assembly라는 정치적 용어로 지칭하게 된 이유였을 것이다. 바울은 무엇보다도 이 '민회'들을 세우고 건강하게 유지하는 데 심혈을 기울였다. 그는 이 공동체들을 그가 기대했던 메시아적 시대를 위한 세포조직, 오늘날의 언어로 말하자면 일종의 코뮌 같은 것으로 생각했던 것 같다. 왜냐하면 그 안에서 서로를 불렀던 '형제'라는 호칭은 평등한 공동체 내에서 서로를 지칭하는 호칭이었고, 또 그 안에서는 유대인과 그리스인, 자유인과 종, 남자와 여자 사이에 차별을 폐지하는 것을 추구했기 때문이다.(갈 3:28) 이 메시아적 공동체 안에서는 타자를 배제하면서 자기정체성을 유지하는 기존 신분제 사회의 원리가 무력화된 것이다.

　그러나 바울의 이 메시아적 공동체는 많은 문제를 안고

있었다. 바울이 직접 쓴 편지들에서는 공동체 내의 분열과 위기가 자주 감지된다. 특히 고린도 교회에 보낸 편지들이 그렇다. 그는 고린도 교회 내의 분파들과 관련해서 자주 십자가의 신학을 전개했다.(고전 1~4장) 그의 십자가의 신학은 결코 관념이 아니다. 그는 공동체 내의 원수관계, 다툼과 분열의 근본원인들을 이야기하면서 십자가의 신학을 전개한다. 바울은 "십자가에 못 박힌 메시아" 말고는 아무것도 알고자 하지 않았고, "십자가의 소식은 구원을 받는 사람인 우리에게는 하느님의 능력"(고전 1:18)이라고 했다. 이러한 주장들은 아무도 분열의 원인인 자랑을 하지 말라는 맥락에서 나온다. 가령 고린도 교회에서 일어났던 주의 만찬이 그렇다.(고전 11:17-34) 원래 이 만찬은 공동체가 모여서 메시아의 죽음을 회상하며 함께 먹고 마시는 것이었다. 그러나 공동체는 이 의례를 행하면서 자기들 내부의 계급적 분열을 강화하고 영속화했다. 부자들은 많이 먹고 가난한 사람들은 먹을 것이 없는 상황이 벌어진 것이다. 주의 만찬이어야 할 식사가 "각자의 만찬"이 되어버린 것이다. 그래서 가난한 사람들은 주의 만찬에서 자신들의 열등한 사회적 위치를 다시 한번 뼈아프게 확인하게 되었다. 바울이 볼 때 이것은 메시아를 죽인 기존 사회질서를 그대로 따라 하는 것이었고,

그럼으로써 실질적인 의미에서 메시아를, 십자가를 배반하는 것이었다. 바울은 메시아적 공동체는 서로를 받아들여야 한다고 했다. "메시아가 그들을 받아들였듯이" 서로를 환대해야 한다.(롬 14:13-23) 이것은 근본적인 차이에도 불구하고 이방 기독교인들과 유대 기독교인들 사이의 연대를 이루려고 했던 바울의 노력에서도 알 수 있다.

로마서 13장의 권세에 대한 논의 역시 재고되어야 한다. 이 본문을 이해할 때 반드시 고려해야 할 것은 바울의 글쓰기 방식이다. 바울은 서신들에서 무슨 정언적인 신학적 선언을 하고 있는 것이 아니고, 자신이 쓴 글이 수천 년의 시간적 간격을 넘어 우리 시대에까지 읽히리라고는 상상조차 하지 못했다. 로마서 13장의 권위에 대한 서술 배후에는 48년 클라우디우스 황제가 로마에서 유대인과 유대 그리스도인들을 추방한 후 네로 황제 때 로마로 다시 돌아온 유대 그리스도인들의 불안한 상황, 세금문제로 인한 폭동과 이로 인한 폭력적 진압, 그러한 위기 가운데서 공동체를 지키고자 했던 바울의 노심초사가 있다. 본문에서 바울은 마치 한 집안의 가장처럼 로마 교회 사람들을 염려하고 있고, 한행 한행을 읽을 때마다 그들을 향한 바울의 염려와 두려움이 느껴진다. 바울이 쓴 다른 본문들에 나타나는 그의 정치적 입장과 매우 다른 이 본문의 언급들, 즉 권세 있는 자들은 하느님으로부터 그 권세를 받았으니 그들에게 복종하라는 말은 이러한 정황들을 충분히 감안하고 나서 비로소 비판할 수 있다. 빌레몬서에서 바울이 노예해방선언을 하지 않았다는 비판 역시 마찬가지이다. 바울이 그 편지를 썼던 네로 황제 시대는 한 사람의 노예가 저지른 범죄에 대해 죄 없는 400명의 노예를 처형할 수 있었던 시대였다.(타키투스, 『연대기』 14, 40-45) 아마도 빌레몬서에서 바울이 오네시모에 대해 취한 태도는 그 시대의 사람들이 취할 수 있었던 최대치였을 것이다. 간단히 말해 우리 시대의 잣대로 바울을 평가하거나 비판해서는 안 된다는 것이다. 바울 역시 시대의 아들이었고, 따라서 그 시대의 한계 속에서 그가 했던 행동들을 평가하는 것이 공정한 평가방식이다.

바울이 공동체들을 세우고 분쟁들을 해결하고 돈을 모금하며, 고난에 찬 삶을 살았던 것은 진정으로 정의롭고 평화로운 사회를 앞당겨서 살아가는 메시아적 세포조직을 구성하기 위한 것이었다.* 그것은 현재의 낡은 질서 안에 세워진

---

* 오늘날 여러 좌파 철학자들이 예전 그들의 선배들과는 대조적으로 바울을 우호적으로 해석하고 있다. 그들이 주목한 것은 낡은 세계 안에서 새로운 세계를 앞당겨 살아가는 혁명적 교두보를 건설한 인물로서 바울과 그의 신학의 면모이다. 이들의 논

자발적이고 자치적인 공동체들로서 미래에 올 메시아를 무턱대고 기다리는 탈세상적 집단이 아니라, 분명한 사회정치적 지향성을 가진 사회적 실체로서 지금 이 세상 안에서 메시아적 삶을 확산시켜 나갈 것이었다. 어떻게 사는 것이 좋은 삶인지 그 희망을 보여주는 공동체들이었다. 그것은 로마제국을 뒤집어엎고 그것과 똑같은 힘의 제국을 메시아의 권위 아래 건설하고자 했던 것이 아니라, 그것과는 질적으로 다른 새로운 가치가 지배하는 세계를 기다리며 실천하는 공동체였다.(갈 3:28) 자유로운 인간들의 공동체로서 어떠한 인간적 권력이나 권위의 덫에 걸려들지 않으면서 선을 추구하는 공동체, 그것이 바울이 추구한 메시아적 공동체였다. 바울의 선교와 활동은 예수의 생명문화공동체 운동을 곁길로 오도한 것이 아니라, 지역에서 그것을 실천하는 공동체들, 즉 급진적 변혁을 앞당길 지역의 교두보들이었다고 할 수 있다. 그러므로 산업문명의 폐해와 엄청난 불평등과 끔찍한 폭력으로 위협받고 있는 현재의 세계에서 미래를 위한 급진적 상상력을 얻기 위해 우리는 바울의 사상과 실천으로

의를 자신의 바울 해석에 끌어들인 신학자로 테드 제닝스(Ted Jennings)가 있다. 그의 책 『데리다를 읽는다 / 바울을 생각한다 ─ 정의에 대하여』, 박성훈 옮김, 그린비, 2014 참조.

부터 영감을 얻을 수 있다. 더 이상 탐욕과 폭력이 지배하지 않고, 개인과 집단이 평화롭게 공존하며, 분쟁을 낳는 이기심이 사라진 세상을 갈망하는 사람들, 그러한 것을 먼 유토피아가 아니라 지상에서의 삶의 문제로 여기는 모든 사람들에게 바울은 많은 것을 가르쳐줄 수 있다. 진정으로 자유롭고 정의로운 공동체를 실현하고자 했던 그의 분투로부터 많은 것을 배울 수 있다.

예수 앞에서 빛이 바래지 않을 인간이 어디 있으며, 예수의 소박한 가르침 앞에서 빛이 바래지 않을 지식이 어디 있겠는가? 그러나 신명기 사가든 묵시문학가든 바울이든, 예수라는 일종의 '집단인격', 이상형의 거울 앞에 비추어 그 한계를 드러내고 배제하기보다는 그들을 그들 자신의 곤경과 고투 안에서 이해하고, 천국과 지상 사이에 끼어 그들이 비틀거리며 갔던 정의의 길로부터 무언가를 배우는 것이 맞다고 생각한다.

전승, 살아 있는 삶의 역사

네로의
세상,
지식인의
초상

1 페트로니우스

　영화 〈쿠오바디스〉에는 네로 시대 기독교 박해를 배경으로 아름다운 청춘 남녀의 사랑 이야기가 펼쳐진다. 로버트 테일러와 데보라 카가 남녀 주인공으로 나왔고, 죽음을 무릅쓰고 맹수와 맞서 여주인공을 지키던 거구의 장수 우르수스의 모습이 퍽 인상적이었는데, 그보다 훨씬 기억에 남았던 것은 마지막에 남자 주인공의 숙부이자 네로의 측근이었던 페트로니우스가 자신을 연모하던 아름다운 여노예 에우니케와 자살하는 장면이었다. 그리고 그 페트로니우스가 『사티리콘』이라는 유명한 외설소설의 작가였다는 사실을 알게 된 것은 영화를 보고 이십 년쯤 지나서였다. 『사티리콘』은 초기 제정시대 로마의 사회상을 소설 형식으로 그린 작품으로 주인공 엔콜피우스를 중심으로 성적 도락과 저질스럽고 기상천외한 사건들을 적나라하게 묘사하고 있기 때문에 영화 〈쿠오바디스〉에서 세련되고 우아한 자유주의자로 등장했던 페트로니우스가 그 작가라는 사실이 믿기지 않았었다.

타키투스의 『연대기』에 의하면 페트로니우스는 부유한 귀족으로 탐미주의자였고, 시와 책을 좋아했으며, 화려하면서도 고상한 취향으로 좌중을 사로잡는 멋있는 남자였다. 아마도 그는 네로의 스승 세네카가 비난했던 쾌락주의자, 네로 주변에서 밤을 낮으로 삼아 노는 데만 열중한 인간들 중 하나였을 것이다. 타키투스는 "다른 사람들은 부지런히 일해서 유명해지는데, 이 사람은 게으름으로 명성을 날렸다. (…) 사치에 통달한 사람"이었고, "그의 말이나 행동은 세상의 인습에 얽매이지 않고 왠지 모르게 대범하게 보이는 경우가 많았던 만큼 더한층 기분 좋게 천진난만한 태도로 받아들여졌다"고 했다. 페트로니우스는 로마의 고위 공직을 지내다가 '아비테르 엘레간티아이'Abiter Elegantiai(우아함을 관리하는 장관)가 되어 네로 황제의 측근이 되었다.

그는 네로가 궁중에서만이 아니라 공개적으로 예술가 행세를 하기 시작했던 말년에 네로와 가까워졌고, 아마도 네로의 기행에 기름을 붓는 역할을 했을 것이다. 시와 연극에서 시작해서 음식, 패션에 이르기까지 아무튼 취향에 관한 한 네로는 페트로니우스의 견해를 절대적으로 신뢰했다고 한다. 타키투스의 기록에 의하면, 네로의 총애를 받았던 페트로니우스는 나중에 근위대장 티겔리누스의 미움을 사 네로 암살음모에 가담했다고 고발당하여 자살하라는 명령을 받는다. 페트로니우스는 이때도 탐미주의자답게 친구들을 모아 놓고 향연을 벌이며 그 앞에서 동맥을 자른 후 피가 천천히 나오도록 상처에 붕대를 감은 채 친구들과 가벼운 대화를 나누며 음악과 시를 듣고 어떤 노예들에게는 선물을 주고 어떤 노예들에게는 채찍질을 하면서 얼마 동안 시간을 보낸다. 그러고 나서 네로의 파렴치한 행위를 열거한 편지를 써서 네로에게 보냈다. 마지막에는 "비록 강요된 죽음이지만, 죽음이 자연스럽게 보이도록" 잠이 들었다고 한다.(『연대기』 16, 18-19)

그가 쓴 『사티리콘』은 흔히 저속한 외설문학으로 평가되는데, 그래서인지 쉽게 잘 읽힌다. 흔히 고대 문학작품들은 걸핏하면 신을 불러대고 과장 섞인 감탄사를 남발하기 때문에 거리감이 느껴지는데, 『사티리콘』은 근대 작품이라고 해도 손색이 없을 만큼 사실적이며 풍자적이다. 게다가 『사티리콘』은 1세기 로마제국의 인간 군상, 특히 해방노예 출신 졸부들의 사치와 향락, 관리들의 부정부패, 하층민과 노예의 고단한 삶을 직설적으로 묘사하고 있기 때문에 사료로서도 가치가 있다. 그중에서도 2부 '트리말키오의 향연'은 자주 인용되는 대목이다. 학자들은 해방노예 출신 졸부 트리말키오가 실제로는 네로를 희화화한 인물이라고 본다. 선박 장비 사업에서 시작해서 고리대금업으로 벼락부자가 된 해방노예 트리말키오는 천박한 과시욕과 교양인인 척하는 허세, 타고난 천박함으로 뒤범벅이 된 인물이고, 페트로니우스는 평상시 네로에게서 받았을 스트레스와 참았던 경멸감을 분풀이하듯 자신이 창조한 이 인물에게 퍼붓고 있는 것 같다.(그러나 네로를 희화화한 인물을 해방노예 신분으로 설정한 데서는 페트로니우스 자신의 속물 근성을 엿볼 수 있는 것 또한 사실이다.)

트리말키오는 질펀한 파티를 열어 거의 엽기적이라고 할 만한 음식들을 내놓아 손님들의 기가 질리게 만들고, 곡예사들을 불러 기기묘묘한 곡예를 벌이고, 걸핏하면 노예들에게 고함을 지르고 옷을 벗기고 때린다. 그러다가는 갑자기 시를 읽고 눈물을 줄줄 흘린다. 파티 도중 주인장이 용변을 보러 잠시 나간 틈을 타 손님 중 한 사람인 가니메데스는 이렇게 말한다.

하늘과도 땅과도 상관없는 이야기를 잘도 늘어놓고들 있네. 그러나 우리를 괴롭히는 옥수수 작황에 대해 걱정하는 인간은 하나도 없다. 빌어먹을! 나는 오늘 빵 한 조각도 살수 없었다. 그리고 이렇게 가뭄이 계속된다면야. 봐라, 사람들이 굶어죽을 지경인 게 벌써 일 년째나 된다. "나를 도와줘, 너를 도울게" 하면서 제빵업자들과 한통속이 되어 있는 도시 관리놈들이야말로 저주를 받아 마땅하다. 힘없는 사람들은 비참한 지경에 빠져 있는데 아가리가 큰 놈들은 날마다 잔치다. (…) 예전에는 옥수수가 아주 썼다. 동전 한 닢을 주고 빵 한 덩이를 사면 둘이 달려들어도 다 먹지 못했다. 하지만 요즘은 같은 가격이면 빵보다 눈깔사탕이 더 크다. 아, 하루하루 살기가 더 힘들어지고 있다. 이 도시는 거꾸로, 송아지 엉덩이같이, 뒷구석이 살쪄고 있다. 왜 우리가 엉터리 관리들, 돈 몇 푼 때문에 우리 모두를 죽게 만드는 그런 도시 관리들을 내버려 두어야 하느냐는 말이다. 관리라는 작자들은 집에 편히 들어앉아 희희낙락하며 다른 사람은 평생 모아도 손에 쥘까 말까 한 돈보다 더 많은 돈을 하루에 긁어모으고 있다. 이렇게 벌어들이는 돈이 금화 천 닢이란다. (…) 아, 우리가 정말 불알을 달고 있다면, 그자들이 그렇게 나쁜 짓을 많이 하지는 못할 텐데! 나로 말하자면 벌써 옷들

을 팔아서 먹어치웠고, 만일 이런 곤란이 계속된다면 집까

지 팔아먹어야 할 판이다. 신이든 인간이든 우리를 도와주

지 않는다면 이곳이 앞으로 어찌 될지 누가 알겠는가?(『사티

리콘』 44)

　　오늘날 읽어도 실감 나는 이런 대목을 보면 페트로니우

스는 세상 물정 모르는 멍청한 귀족이 아니다. 진부한 상황

설정, 상투적인 인물과 행동묘사 등 삼류 문학의 미덕을 골

고루 갖추었지만, 겉보기에 번드르르한 "높은 데 계신 양반

들", 날 때부터 특권층인 인간들의 천한 인품, 악취 풍기는

말과 생각들을 직설적으로 묘사할 때는 재능이 번득인다.

세상은 오로지 돈, 그것도 아주 많은 돈을 가진 사람들만이

행세할 수 있는 곳이고, 부자들은 끼리끼리 어울려 주지육

림에 파묻혀 지내지만 속으로는 아무도 믿지 않는다. 오로

지 일확천금을 한 사람들에 대한 선망과 질투로 가득 차 있

을 뿐이다. 페트로니우스가 묘사하는 로마 사회의 소위 가

진 자들 밑에는 인간 이하의 대접을 받으며 매질을 당하지

나 않을까 항상 겁에 질려 있는 노예들이 있다. 그러나 페트

로니우스의 독설은 위고 아래고 봐주지 않는다. 노예들은

걸핏하면 징징대며 엄살이나 부리고 게으름 피울 궁리나 하

고 지겹게 아부나 해대는 천하고 비굴한 종자들이다.

이러한 거침없는 풍자 이면에서 느껴지는 인간 페트로니우스의 심리적 정서는 한마디로 냉소주의이다. 아마도 페트로니우스는 네로만이 아니라 주변 대부분의 사람들에 대한 냉소와 경멸을 타고난 심미감과 잘 배합하여 로마 상류사회의 세련되고 유식한 남녀들을 현혹했을 것이다. 페트로니우스에게 빠진 네로는 그를 흉내내어 시를 쓰고 배우 노릇까지 했다. 말하자면 네로는 소설 『사티리콘』의 등장인물들과 어울리는 것을 좋아했고, 이들과 함께 로마의 뒷골목을 쏘다니며 소란을 피우다 시민들에게 들키곤 했다. 물론 그의 이런 행동은 대중의 조롱과 분노를 샀다. 사실 네로가 초기에 선정을 베푼 사례들이 꽤 있음에도 불구하고 그렇게 악평에 시달렸던 것은 기독교인 박해 때문이기도 하지만, 그보다는 그런 공공연한 어릿광대 노릇 때문이었다. 대중들에게 그런 행동은 하루하루가 고달픈 자신들의 삶과 너무나도 동떨어진 해괴한 짓거리로 보였을 것이다.

타키투스에 의하면 페트로니우스는 혹시나 네로가 가져다 쓸까 봐 값비싼 술병을 죽기 직전에 깨뜨려 버리기까지 했다고 한다.(『연대기』 16. 19) 그가 네로를 혐오한 것만은 사실인 것 같다. 그러나 페트로니우스가 내심 네로를 혐오했건 안 했건 분명한 것은 그 역시 네로와 한 패거리였다는 사실이다. 글쎄, 페트로니우스가 보기에 흡사 돼지에게 진주를 준 격이라고 네로를 생각했겠지만, 돼지우리 안에서 뒹굴기는 페트로니우스 역시 마찬가지였다. 본래 사람은 무언가를 사랑하기 때문에 무언가를 미워하는 것이 맞다. 페트로니우스가 사랑한 것은 무엇이었고, 그의 마음을 움직인 것은 무엇이었을까? 아름다움이었을까? 아름다움을 인간이 얼마나 사랑할 수 있을까? 내 생각에 인간은 아름다움을 사랑하는 것이 아니라, 사랑하는 것을 아름답다고 느낀다. 공허한 미美 추구 말고 페트로니우스에게 정말로 소중한 가치가 무엇이었는지 그가 남긴 글과 행적을 통해 떠오르지 않는다. 아마도 이것이 '네로의 세상'에 대한 그의 조롱과 풍자가 신랄하기는 할지언정 허약하게 느껴지는 이유일 것이다.

　페트로니우스가 죽은 뒤 100년쯤 지난 후 씌어진 아풀레이우스의 통속소설 『변신』(『황금당나귀』라는 이름으로도 알려져 있다)에는 아래와 같은 대목이 나온다. 아풀레이우스는 빵 만드는 집에서 일하는 노예의 모습을 이렇게 묘사하고 있다.

　온몸에 채찍 자국이 나 있으며 등에는 피멍이 들고 옷을

220
시대의 끝에서

입었다기보다는 누더기로 간신히 몸을 가리고 있는 사람들이 얼마나 많은가! 몇 사람은 그나마 손바닥만 한 천조각으로 수치스러운 부분은 가려 놓았으나 대부분은 거의 알몸이나 다름없는 상태였다. 낙인이 찍힌 사람이며, 반쯤 털이 깎인 사람, 발에 고리모양의 사슬이 감긴 사람을 거기서 다 보지 않았던가! 그들은 마치 그림자처럼 창백한 모습으로 돌아다녔다. 그들의 눈썹은 빵 굽는 솥에서 나오는 수증기로 그슬려 있었다. 제대로 눈을 떠서 볼 수도 없는 실정이었다. 먼지로 뒤덮인 전투를 치른 군인처럼 그들은 머리끝에서 발끝까지 밀가루와 재로 범벅이 되어 있었으며, 그것 때문에 더러워진 그들의 모습은 거의 분간할 수 없을 정도였다.(*Metamophorses* 9, 12)

이 글은 자신의 입에 빵이 들어오게 해 주는 인간들에 대해 본 대로 사실적으로 묘사하고 있고, 그럼으로써 신분제 사회 안에 형성된 온갖 편견을 넘어 한 가지 중요한 경험을 전달해 준다. 비록 우리가 각자 얇은 피부막 안에 갇혀 살기는 하지만, 비참한 상황에 처한 다른 존재를 보면 몸속 어딘가에 서로 연결되어 있는 보이지 않는 줄이 떨리는 것 같은 경험을 하게 된다. 계급적, 아니 종적인 차이까지도 넘어서 우리 모두를 연결하는 공통의 줄이 미세하게 떨리는 경험을 이 글은 전달해 주고 있는 것이다. 그래서 이 글은 사실적이면서 동시에 읽는 사람으로 하여금 감정이입을 하게 만든다.

　로마에서 노예는 법적으로 인간이 아니었기 때문에 아무런 보호도 받지 못했다. 그러나 제국시대에 와서 노예를 위한 소위 법적 보호장치가 마련되어 기원전 19년에는 노예들을 맹수와 싸우도록 하기에 앞서 당국의 승인을 받도록 하는 법률이 공포되었다. 또한 클라우디우스 황제는 나이든 노예나 병든 노예를 죽이는 것을 살인으로 간주했고, 도미티아누스 황제는 노예를 강제로 거세하는 것을 금지했다.* 그러나 이 모든 노예 보호법률은 역설적으로 노예들이 겪었던 가혹한 운명을 말해 준다. 많은 노예들이 귀족들의 눈요깃거리로 맹수의 밥이 되었고, 짐승처럼 거세당했으며, 나이들고 병든 노예는 더 이상 밥을 축내지 않도록 살해당했다. 그러나 이런 것이 당연했던 시대에도 그것이 인간 본성을 거스르는 것이며 당연하지 않다고 본능적으로 느끼는 사람들은 있었다. 유감스럽게도 페트로니우스의 글과 삶에서

* 에케하르트 슈테게만, 볼프강 슈테게만, 『초기 그리스도교의 사회사』, 153쪽.

는 그러한 자연스러운 느낌, 본능적인 떨림이 느껴지지 않으며, 따라서 어쩔 수 없이 이 탐미주의자는 삼류작가에 머물고 만다.

2 세네카

페트로니우스와 함께 네로 암살음모에 가담했다는 이유로 자살명령을 받고 죽은 사람들 중에는 페트로니우스보다 훨씬 더 잘 알려진 인물, 세네카가 있다. 아마 이들은 서로 잘 아는 사이였겠지만 전혀 다른 종류의 인간이라는 것을 피차 잘 알았을 것이다. 세네카는 스토아철학자이면서 당대 최고위 정치가로 활동했다.

세네카는 기원전 4년 스페인 코르도바에서 태어났다. 그의 아버지는 부유한 기사계급 출신으로 변론을 해서 많은 재산을 모았고 둘째 아들 세네카도 자신과 같은 길을 가기를 원했지만, 젊은 세네카는 어머니를 닮아 그리스 철학에 심취했다. 아버지는 이를 못마땅하게 여겼고, 그래서 세네카는 철학 공부를 하면서도 아버지의 뜻에 따라 마지못해 변론술을 배웠다. 덕분에 그는 로마 최고의 변론가로 이름을 날리게 되었고, 입신양명하는 데 이 재주를 유용하게 사용하게 된다. 아버지는 철저한 현실주의자로서 추상적 이론보다 실용적 지식을 중시하고, 이를 토대로 사회적으로 기반을 잡고 재산을 모으는 것을 무엇보다도 중요하게 여겼던 전형적인 로마인이었다.* 세네카는 아버지에게 반발했지만 재산을 중시하고 현실적인 지위에 몹시 연연했던 그의 행동은 아버지의 기질을 닮은 것으로 보인다.

세네카에 대해서는 타키투스와 수에토니우스, 디오 카시우스, 세 명의 로마역사가가 기록을 남겼다. 대체로 타키투스는 세네카에 대해 긍정적으로 기술했고, 수에토니우스는 부정적으로, 디오 카시우스는 매우 부정적으로 기술했다. 당대 최고의 변론가였던 세네카는 3대 황제였던 칼리굴라 때 원로원 의원이 되어 정계에 입문했다. 이때 세네카는 칼리굴라의 통치에 염증을 느끼며 『분노에 대하여』라는 첫 작품을 썼는데, 출판업자에게 의뢰해서 20여 명의 필사노예를 동원하여 매일 장시간 필사노동을 하게 하여 1천 권의 필사본을 만들었다고 한다. 아마도 세네카는 이때부터 이미 저

---

* Villy Sorensen, *Seneca: The Humanist at the Court of Nero*, trans. by W. Glyn Jones (Edinburgh: Canongate Publishing Ltd., 1984), 69~79.

술가로서의 자의식을 가지고 있었던 것 같다.*

　제정시대로 들어가기 전 내전이 계속되던 시기에 시저를 암살한 브루투스와 소小카토, 키케로처럼 의식 있는 지식인들은 대체로 원로원 귀족의 통치를 지지하는 공화주의자들이었는데, 세네카 역시 내심으로는 공화주의자였다. 그러나 그는 로마 황실, 그중에서도 황실의 여자들과 긴밀한 관계를 유지했고, 칼리굴라의 누이들이자 반칼리굴라적 성향을 띠었던 아그리피나, 율리아 리위라 자매와 매우 친밀했다. 결국 세네카는 이 집안과의 특별한 관계 덕분에 나중에 로마 최고위 정치적 지위에까지 올라가게 된다.

　디오 카시우스의 『로마사』 80권에 따르면 세네카는 아름답고 매력적이었던 이 두 공주들에게 마음이 끌렸고, 그중에서도 동생이었던 율리아 리위라와는 연인관계라는 의심을 받아 칼리굴라 다음 황제인 클라우디우스 때(41년) 간통죄로 코르시카 섬으로 유배당했다. 유형생활이라 해도 재산이 많았던 그는 개인장서를 가지고 유형지에서 독서와 저술에 몰두했다고 한다.** 세네카는 당시 어머니에게 보낸 편지

* 앞의 책, 98쪽.

** J. 밀러, 「세네카」, 『성찰하는 삶』, 박중서 옮김, 현암사, 2012, 230쪽.

에서 추방은 다만 거주지를 옮긴 것에 불과하며, "사람은 가는 곳을 고향으로 삼고 살아야 한다"고 격려의 말을 했는데, 실제로는 하루빨리 로마로 돌아가기 위해 애를 태웠다.(「헬비아에게 보내는 위로의 편지」, 6) 세네카는 클라우디우스가 브리타니아로 원정 간 틈을 타 황제의 서간정리를 맡고 있던 해방노예 폴리비우스에게 코르시카에서 위로의 편지를 보냈다. 당시 폴리비우스는 동생을 잃었고, 세네카는 폴리비우스를 위로하는 편지 속에서 자신이 유형상태에서 벗어나도록 힘을 써줄 것을 은근히 부탁했다. 폴리비우스가 그의 부탁을 들어주었는지는 알 수 없지만 확실한 것은 이때 그는 유형에서 풀려나지 못했다는 것이다. 세네카가 유형에서 풀려난 것은 네로의 어머니이자 칼리굴라의 여동생이었던 아그리피나를 통해서였다. 그녀는 자신의 숙부인 클라우디우스 황제의 두 번째 부인이 되면서 남편에게 청을 하여 48년, 아들 네로의 가정교사로 세네카를 유형지로부터 불러들였던 것이다.*

용의주도한 아그리피나는 클라우디우스가 친아들 브리타니쿠스가 있음에도 네로를 양아들로 삼게 만들고 황위 계

---

* Sorensen, *Seneca*, 92~108.

승서열 1위로 올리게 한다. 그리고 아그리피나를 두려워하며 그녀와 결혼한 것을 후회하고 있던 클라우디우스 황제에게 선수를 쳐 그를 독살해 버린다. 이렇게 해서 네로가 황제로 등극한 것이 54년, 그의 나이 16세 때였고, 이때부터 세네카에게는 출세가도가 열린다. 56년 세네카는 네로에 의해 로마의 정무관직 중 최고지위인 집정관에 임명되었다. 세네카는 그의 친구이자 황실 근위대장으로 강직한 인물이었던 부루스와 함께 공식적으로 '황제의 친구'amicus principis로 지명되었고, 이 두 사람은 어린 황제를 잘 보필하고 어머니 아그리피나의 영향력을 최소화하여 네로 황제 초기의 5년간을 로마제정사에서 드물게 평화로운 시대로 만들었다. 훗날 트라야누스 황제는 이 시기를 "네로의 5년간"이라고 칭할 정도였다고 한다.* 이때 세네카는 주로 황제의 연설문 작성자로 활동했으며, 황제의 조언자로서 잔혹한 정책을 자제하고 온건한 대중정책을 쓰도록 조언했다고 한다. 어린 황제에 대한 교훈적인 가르침 형태로 되어 있는 그의 서간이나 에세이들을 보면 세네카는 무력충돌에 대해 비판적이었고, 알렉산더 대왕을 광포한 정복자라고 비난했다.(94서간) 자연은

* 앞의 책, 235쪽.

사람들 사이에 서로 사랑을 일으켜 쉽게 친해지도록 하므로,(95서간) 자연에 일치하여 평화를 추구하고 관용을 베푸는 것이 이상적인 삶, 이상적인 통치라고 했다.

그러나 평화로운 시기는 오래가지 않았다. 세네카와 부루스의 영향에 대한 아그리피나의 불만이 쌓여 갔고, 모자간의 불화는 황실 내부의 독살극으로 이어졌다. 네로는 어머니가 자기 대신 앞세우고자 했던 클라우디우스의 어린 아들 브리타니쿠스를 만인이 보는 연회석상에서 독살했고, 이어 59년에는 어머니까지 살해했다. 이 무렵부터 네로는 제정신이 아니었던 것 같다. 62년에는 자신의 아내였던 옥타비아에게 간통 누명을 씌워 처형시켰다. 타키투스는 그녀의 처형 장면을 이렇게 기록하고 있다. "옥타비아는 쇠사슬에 묶여 사지의 혈관이 모두 잘려서 열렸다. 그러나 공포로 인해 혈관은 조여져서 피는 조금씩 적시는 정도로 죽음에 이르기까지 시간이 걸렸다. 그래서 발한실의 열기로 질식시켰다. 게다가 더한층 잔혹했던 것은 그녀의 머리를 베어 도시까지 운반해서 (새로운 황후) 포피아나에게 보여준 것이었다. 원로원은 신전에 감사의 제물을 드릴 것을 결의했다."(『연대기』 14, 64) 그녀의 나이 스물두 살이었다. 그리고 옥타비아에 이어 부루스까지 암살당한다.

세네카의 명성은 빛이 바랬다. 네로의 '좋았던 5년'은 끝났다. 62년에 부루스마저 네로에게 죽임을 당하자 세네카는 고립무원의 처지에 놓였다. 네로는 점점 더 무섭게 미쳐갔고, 무엇보다도 세네카는 대중의 비판에 처하게 되었다. 게다가 황제 측근의 무리는 세네카가 일개 시민의 신분을 넘어서는 막대한 부를 소유하고 있고 로마의 대저택과 제국 곳곳에 광대한 토지를 소유하고 있으며, 자기 혼자만이 웅변가인 양하고, 한마디로 황제보다 자기가 더 나은 것처럼 행동하고 있다고 비난했다.(『연대기』 14, 52) 세네카는 신변의 위협을 느끼고 수차례에 걸쳐 신병을 이유로 은퇴를 허락해 달라고 황제에게 청원하지만 번번이 거절당한다. 세네카는 자신에 대한 대중의 비난을 의식하고 또 자신마저도 살해당할지 모른다는 두려움을 느꼈을 것이다. 더 이상 버티기 어려웠던 세네카는 64년 네로가 로마의 대화재 이후 국고를 채우기 위해 제국 전역의 신전에서 성물을 약탈한 직후 이 신성모독 행위에 관련되었다는 비난을 피하고자 이번에는 정말로 먼 시골로 은퇴하게 해 달라고 네로에게 간청한다.(『연대기』 15, 45) 네로는 이 요청 역시 거절했지만, 자신의 재산을 황제에게 바치겠다는 제안은 받아들였다. 결국 세네카는 칩거에 들어갔고, 이때 모순에 찬 자신의 삶을 후세를 향해 변명하는 저 유명한 연작서간 『도덕에 관하여』를 썼다.

그러나 결국 세네카는 네로의 자살명령을 피할 수 없었다. 병약했던 그는 양팔과 양무릎 뒤, 발목까지 베어도 피가 잘 나오지 않아 결국 욕실에서 증기로 질식해서 죽게 된다.(『연대기』 15, 62-64) 세네카는 평상시 공화주의자였던 소小카토가 죽을 때의 모습을 부러워했다고 한다. 시저와 폼페이우스 사이의 내전에서 키케로와 함께 폼페이우스군에 가담했던 카토는 자기편이 패배하게 되자 키케로처럼 시저의 관용을 얻는 것을 단호히 거부하고 자결했다. 소小카토는 당시 절대적인 권력과 인기를 누렸던 시저에게 대담하게 반대했고, 시저를 지지했던 민중들로부터 온갖 모욕을 당해도 의연했다. 세네카의 죽음이 소小카토처럼 의연했다고 할 수는 없을 것이다. 세네카는 끝까지 그런 식의 죽음을 피해 보려고 했지만 피할 수 없었고, 마지막에는 죽음을 달게 받아들였다. 소小카토와 세네카의 죽음의 방식이 달랐던 것은 아마도 살아온 방식이 달랐기 때문일 것이다.

동양의 유교전통에서 군자에 의한 통치를 이상적인 통치라고 보았듯이, 스토아철학자로서 세네카는 왕도정치를 주장했다. 그리고 유학자들이 자신의 학문을 펼칠 장으로서 현실정치에 발을 들여놓고 입신양명하기를 간절히 원했듯이, 세네카 역시 권력자가 자신을 불러주기를 갈망했다. 문제는 왕은 군자도, 철인도 아니라는 점이었다. 이 때문에 유학자들은 걸핏하면 귀양살이에 보내졌고, 그들은 귀양 가서도 일편단심 임 계신 곳만을 바라보았다. 세네카 역시 한 차례 귀양살이를 했고, 그는 자신을 귀양 보냈던 클라우디우스를 끝까지 용서하지 않았다. 세네카는 그를 우스꽝스럽게 그린 희곡까지 썼다. 더구나 그가 섬겼던 칼리굴라, 클라우디우스, 네로 황제의 치세는 초기 로마제정사에서 가장 광기에 차 있고 선혈이 낭자했던 시대였다. 세네카는 운이 나빴다. 그러나 세네카는 매우 현명했고, 아슬아슬하게 곡예하듯 거의 마지막까지 네로의 최고위 측근으로 머무르며 막대한 토지를 하사받고 고리대금업으로 부를 축적했다.

이 점에서 견유철학자들은 세네카 같은 스토아철학자들과 달랐다. 스토아철학과 견유철학은 그 형이상학적 토대도 유사하고, 자연에 따른 삶을 이상적인 삶으로 본다는 점에서 윤리적인 측면에서도 매우 유사하지만, 견유철학자들은 자연에 따른 삶을 반문화적인 것으로 이해하고, 벼슬은커녕 실제로 반문화적으로, 개처럼(Cynics라는 명칭은 원래 '개'를 뜻하는 그리스어 kuon이라는 말에서 유래했다) 살았다. 견유철학자들이 대체로 에픽테투스처럼 노예나 해방노예가 많았던 데 비해서 스토아철학자 중에는 고관대작, 귀족이 많았다.(이들을 가리키는 'stoa'라는 말은 공공건물이나 대저택의 주랑을 가리키는 그리스어이다. 스토아철학자들은 그러한 대저택의 주랑을 거닐면서 철학을 논한 사람들이라는 뜻이다.) 세네카는 노예가 아니라 귀족이었고, 견유철학자가 아니라 스토아철학자였다.

스토아철학자이자 로마의 최고위 정치가로서 세네카의 삶은 모순으로 가득 차 있었다. 그는 자신의 이상과 현실적인 삶 사이에서 끊임없이 흔들리고 내적으로 고민했다는 점에서 근대인으로서의 면모를 보인다고까지 평가받는다.[*] 그러나 동시에 이것은 그의 행태에 대해 의혹을 눈길을 보낼 수밖에 없게 만든다. 가령 네로가 법적으로는 엄연히 동생이었던 브리타니쿠스를 독살한 뒤 얼마 지나지 않아 세네카는 네로 황제의 자비를 기리는 에세이를 한 편 썼다. 이에세이에서 세네카는 좋은 통치자란 "신들의 대리인으로서 지상에서 봉사하도록 선택되는" 자로서 삶과 죽음의 절대적인 조정자이며 만물을 자신의 뜻대로 할 수 있다고 썼다. 또한 통치자는 탁월한 자제력의 모범이 되어서 "가장 야비

[*] Sorensen, *Seneca*, 9.

한 기질조차도 최대한 자제해야 한다"고 했다. 세네카는 이렇게 썼다. "이것이야말로 보기 드문 찬사로서 지금까지 그 어떤 군주에게도 바쳐지지 않았던 것이며, 당신께서 매우 선망하시던 것입니다. 바로 당신께는 잘못이 전혀 없다는 것입니다."(『자비에 대하여』1, 1-5) 설사 이것이 찬사의 형태로 씌어진 훈계라고 봐준다 해도 만일 세네카가 이 글을 쓰면서 마음속에 흔들림이 없었다면, 그 역시 네로 못지않은 괴물이다. 물론 세네카는 괴로워했을 것이다.

뿐만 아니라 세네카는 아그리피나에게 독살당한 클라우디우스의 장례식 때 네로가 읽을 그 역겨운 조사를 대신 써주었고, 59년 22세의 네로가 세 명의 자객을 보내 자기 어머니를 살해했을 때 그 행위를 정당화하는 연설문을 네로에게 써주었다. 네로는 이 연설문을 원로원에 가서 낭독했다. 그 연설문에서 네로는 아그리피나가 여러 가지 반역과 변절을 저질렀다고 비난하고, 클라우디우스의 독재 역시 그녀의 탓으로 돌렸으며, 자신의 합법적인 권위를 찬탈하려던 그녀의 음모를 자신이 어떻게 물리쳤는지를 설명했다. 타키투스에 의하면 이 연설은 만인의 조롱거리가 되었고, 세네카 역시 지탄을 받게 되었다. 사실상 이 연설을 통해 네로는 자신의 죄를 시인한 것이나 다름없었고, 세네카는 네로의 모친살해

를 알면서도 묵인했을 뿐만 아니라 그것을 정당화하는 글을 써주었던 것이다.(『연대기』 14, 11)

세네카의 삶이 모순으로 가득 차 있었다는 것은 그를 어떻게 평가하든 부인할 수 없는 사실이다. 그리고 그 자신이 이 사실을 누구보다도 잘 알고 있었다. 세네카는 자신의 저서 여러 대목에서 부에 대해 의문을 제기하고 가난을 예찬했지만, 축재에 대한 욕망을 억누르지 못했고 엄청나게 부유한 여자와 정략적으로 결혼했다. 관조와 초연한 삶을 이상화했지만, 정작 자신은 오랜 기간 네로의 최측근으로 권세를 누렸고, 궁중정치의 핵심에 있었다. 그리고 그가 집필한 네로의 연설문들은 네로같이 광폭한 군주가 마치 선의 화신인 것처럼 묘사하고 있다. 수사학과 변론이 가장 추잡하게 사용된 예를 그가 쓴 연설문들은 보여준다.

세네카에 대해 매우 비판적이었던 후세의 역사가 디오 카시우스는 그에 대해 이렇게 기술하고 있다. "세네카의 행위가 그의 철학의 가르침과 완전히 대립하고 있는 것은 다만 이 일(네로의 모친살해를 지지한 것)뿐만이 아니다. 왜냐하면 폭군(네로)을 비판하였으면서도 폭군의 가정교사가 되었기 때문이다. 그리고 세네카는 권력자를 둘러싸고 있는 패들을 욕하면서도 그 자신은 궁정에 머물렀다. 또 그는 추종자들을 비난하면서 메살리나(클라우디우스의 비)나 클라우디우스의 부하인 해방노예들에게 아부하는 짓을 했다." 또 그는 이렇게도 세네카를 비난했다. "세네카는 부자를 비난하면서도 7500만 드라크마(3억 세스테르티우스)나 되는 재산을 가지고 있다. 세네카는 다른 사람의 사치를 질책하면서 상아다리가 달린 히말라야 삼나무 식탁을 300개나 가지고 있다. 그리고 그는 이런 식탁에서 연회를 베풀었다."(『로마사』 61, 10)

세네카에 대해 우호적이었던 타키투스 역시 세네카가 막대한 재산을 가지고 있었다는 사실을 부정하지 않는다. 타키투스의 기록에 의하면 그는 자신의 막대한 부를 늘리기 위해 주도면밀하게 움직였다. 세네카는 황제에게 봉사하는 대가로 영지와 토지와 주택을 후하게 하사받았고, 황제의 가장 가까운 친구였기 때문에 제국의 여러 신민에게 대출을 해줄 수 있는 지위에 있었다. 그래서 그는 이자를 받고 돈을 빌려주고 토지에 투자하고 결국 당대의 가장 막대한 재산가 중 한 사람이 되었다.(『연대기』 14, 52) 이 밖에도 타키투스는 세네카가 곤경에 처했던 한 가지 사건을 기록하고 있다.

그것은 58년에 일어난 일로 수일리우스라는 인물과 관련된 사건이었다. 수일리우스는 클라우디우스 황제 밑에서 일하던 타락한 행정가였는데, 돈을 노려 밀고하고 변호를 해서 잇속을 차리는 종류의 인간, 말하자면 거물 밀고꾼이었다. 그는 금전에 얽힌 수많은 고소 사건을 일으켜서 클라우디우스 시대부터 그의 손에 의해 시민권을 박탈당하고 재산을 몰수당한 사람이 부지기수였다고 한다. 수많은 사람의 원한을 사던 이 자가 드디어 네로 황제 때 원로원에 고발당했고, 이때 수일리우스는 세네카가 배후에 있다고 생각하고 그를 재판에서 공개적으로 조롱했다. 그는 세네카가 클라우디우스 집안 공주들의 샛서방이라고 원로원에서 떠들어댔고, 세네카의 실생활과 철학 사이의 괴리를 조롱했다. "도대체 철학자로서 어떤 지혜와 교훈을 동원했기에 그는 황제와 우정을 맺은 지 불과 4년 만에 무려 3억 세스테르티우스를 모았단 말인가?" "그는 독재를 비판하는 한편 독재자의 스승이 되었다."(『연대기』 13, 42) 결국 수일리우스는 유죄판결을 받고 유형에 처해졌지만, 유배지에서 전혀 의기소침하지 않고 남은 재산으로 사치스럽고 한가롭게 살았다고 한다.

온갖 창피를 당하며 이 일을 치른 직후 세네카는 「행복한 삶에 대하여」라는 에세이를 썼다. 이 글에서 세네카는 "말하는 것과 행하는 것 사이에 큰 괴리가 있는 세네카"라는 세상의 비난에 대하여 스스로를 변호하고 있다. "철학을 매도하는 자들의 누군가가 여느 때처럼 다음과 같이 말했다고 하자. '어째서 자네는 실제 생활 이상으로 잘난 체하는 말을 하는가? (…) 어째서 자연의 필요가 요구하는 이상으로 넓은 경작지를 가지고 있는가? 어째서 자네는 자신이 가르치고 있는 대로 식사를 하지 않는가? 어째서 자네는 눈부시게 화려한 가구를 갖추고 있는가? 어째서 집에서는 자네 나이보다 오래된 포도주를 마시고 있는가?' '어째서 자네는 바다 저쪽에도 재산을 가지고 있는가?' 혹시 이와 같은 말을 하는 자가 있다면 나는 이 비난을 감수할 것이다. 그리고 자네가 생각하는 이상의 비난을 내 자신에게 가하겠지만, 지금은 이렇게 답하겠다. '나는 현자가 아니고, 또——이 말을 하면 더 화를 내겠지만——현자가 되지도 못하겠지.'"(「행복한 삶에 대하여」, 17)

이 에세이에서 세네카는 반복해서 자기는 현자가 아니라는 점을 강조하고 있다. 그러나 그는 이렇게 자신을 옹호한다. "현자는 가난해도 되지만 유복하기를 바랄 것이다."(「행복한 삶에 대하여」, 23) 재산이 결코 선이 아니라는 것은 말할 필요도 없다. 세네카는 과도한 허영이나 사치스런 생활을 배격했고, "최대의 부란 자연법칙에 적응한 가난"이라고 했다. "현자는 자연의 부를 가장 열렬히 구하는 자"라고도 했다. 그러나 그는 또 이렇게 말했다. "나는 재산을 선이라고는 말하지 않는다. 만일 선이라면 그것은 사람들을 선하게 만들기 마련이다. 그런데 실제는 악인 쪽에 발견되는 것을 선이라고 말할 수는 없기 때문에 선이라는 이름을 나는 재산에 부여하지 않는다. 그 밖의 점에서는 재산은 가져야 되는 것이고, 유용한 것이며, 생활에 큰 편익을 가져오는 것임을 나는 인정한다."(「행복한 삶에 대하여」, 24) 말하자면 재산 그 자체를 선이라고 할 수는 없지만, 그것은 유용한 것이므로 현자도 가질 수 있다는 것이다. 게다가 자신은 현자도 아니니 자신이 재산을 갖는 것은 그리 비난받을 만한 일도 아니라는 것이다.

세네카의 삶에 드러나는 모순은 다른 말로 하면 위선이다. "위선은 거짓이 진실에게 보내는 존경의 표시"라는 프랑소와 로슈푸코 공작의 말은 세네카에게 아주 적절한 말이다. 위선적인 인간은 적어도 진실이 거짓보다 좋은 것임을 알고 있고 진실이 주는 부담을 의식하고 있기 때문이다. 이렇게 본다면 세네카의 가장 큰 미덕은 그의 위선이고, 자신의 위선에 대한 그의 자각이라고 할 수 있다. 그는 필사적으로 자신의 내면세계를 들여다보고 변명하는 글을 남겼다. 그리고 후대 사람들은 그의 글로만 그를 평가했다.

그러나 글을 쓸 수 있는 사람이었고, 자신의 내면세계를 기술한 방대한 글을 남길 수 있었던 예외적인 경우에 속했다는 것이 그에게서는 또 하나의 방어막이 되어서 그는 후세에 그의 삶이 아니라 글만을 본 사람들을 현혹할 수 있었다. 그가 자신의 삶을 진정으로 반성적으로 사고했다고 볼 수 있을까? 그는 오히려 자신의 위선적인 삶을 정당화하기 위해 글을 쓴 것이 아닌가? 그는 글에서 끊임없이 부와 재산 그 자체에 대해 말했다. 그러나 정말로 문제가 되는 것은 그가 비난받을 만큼 "너무나 많은" 재산을 소유했고, 그것을 유지하기 위해 애썼다는 것, 말하자면 문제는 그의 부의 엄청난 "규모"에 있었는데, 그는 어디서도 자신의 부의 규모와 그것을 축적한 과정에 대해서 반성하지 않는다. 사람들의 비난은 그의 엄청난 부를 향한 것이었는데, 그는 부와 재산 그 자체에 대해 이야기하고 있는 것이다. 이것은 그의 반성적인 글들이 사실은 정직한 반성이 아니라 스스로에게 자신을 정당화하기 위한 것이고, 진정으로 자신의 삶을 문제 삼은 것은 아님을 말해 준다.

자신의 글에서마저도 그는 자기 자신에게 너무 관대했다. 평생 소크라테스를 존경했고 그의 삶과 실천을 동경했지만, 그 자신은 소크라테스의 공명정대함과는 거리가 멀었다. 소크라테스의 공명정대함은 누구보다도 자기 자신을 향했기 때문이다. 소크라테스가 대화편들에서 대화상대자를 대하는 태도를 보면 자기 자신을 대하는 것과 아무 차이가 없다. 소크라테스에게서는 이성이 그런 공명정대함을 가능하게 했다. 반면 마지막까지 세네카에게서 발견할 수 있는 것은 '자기애'이다.

3 지식인의 자유와 사랑

4세기 콘스탄티노플의 주교였던 요한 크리소스톰은 세금 거부 운동을 주도하고 부자들과 지배계급에 대한 통렬한 비판 설교를 해서 투옥당하고 이단시되었다. 그는 명설교가로서 '황금 입'이라는 별명을 지녔는데, 마태복음 주석을 하면서 부와 재산에 대해 아래와 같은 설교를 했다.

이보다(땅을 가지고 부를 축적하는 지주들보다) 더 불의한 사람이 있을까? 그들이 가난하고 비참한 시골 사람들을 어떻게 대하는지 살펴보면 그들이야말로 야만인보다 비인간적인 자들이라는 결론이 나온다. 그들은 평생토록 굶주리고 고생하는 사람들에게 도저히 감당할 수 없는 사용료를 부과하고 그 사람들의 어깨에 고된 의무를 지우며, 그 사람들을 나귀나 노새처럼, 아니 심지어 돌멩이처럼 취급한다. 지주들은 그 사람들에게 최소한의 휴식도 허용하지 않으며, 땅이 그 소산을 내건 못 내건 아무런 배려 없이 그 사람들의 고혈을 짜낸다. 이 불쌍한 사람들처럼 자비가 필요한 이들이 또 어디 있을까? 그들은 겨울 내내 걱정을 하고 추위와 장마와 야간보초로 녹아난다. 지금 그들은 빈털터리에다가 빚더미에 앉아 있다. 그들을 떨게 하는 것은 굶주림이나 흉작만이 아니라 감독관의 학대, 소환, 체포, 책임추궁, 소작료 독촉, 가차없는 강요다. 그 사람들이 당한 일들과 불이익을 모두 열거할 수 있는 이가 있을까? 이들의 땀과 노동의 결과로 창고와 저장소는 가득 찼으나 이들은 조금도 집으로 가져갈 수 없게 되어 있다. 도리어 (지주들은) 모든 소출을 자기 금고에 챙겨 놓고 그 사람들에게는 터무니없이 적은 돈을 급료랍시고 던져준다.[*]

크리소스톰의 이 말에 대해 세네카는 뭐라고 변명할 수

---

[*] 에케하르트 슈테게만, 볼프강 슈테게만, 『초기 그리스도교의 사회사』, 158~159쪽에서 재인용.

있을까? 크리소스톰의 말을 듣고 있노라면 부와 재산은 그 자체로서 선하지도 악하지도 않다는 세네카의 말은 참으로 한가하게 들린다. 엄청난 부 자체, 엄청난 부에 이르는 과정 자체가 악인 것이다. 영리한 세네카가 이 사실을 몰랐을까? 그보다 그는 자기 안으로 굽어서 철학자로서 가장 중요한 자질인 이성적 사고, 즉 자기 자신에 대한 공명정대함을 잃어버렸을 것이다.

세네카의 삶과 사상을 들여다보면서 20세기의 철학자 러셀이 한 말이 떠올랐다. 그는 철학자의 자유와 사랑에 대해 이렇게 말했다.

진정한 철학적 사색은 비아非我의 전면적 확장, 즉 사색의 대상을 확대하고 이로써 사색의 주체를 확대하는 모든 것에서 만족을 발견한다. 사색에서는 개인적이거나 사적인 모든 것, 습관과 이해타산이나 욕망에 의존하는 모든 것은 대상을 왜곡하여 지성이 추구하는 합일Union을 방해한다. 그것은 주체와 대상 사이의 장벽을 만들어 개인적이고 사적인 것들이 지성의 감옥이 된다. 자유로운 지성은 마치 신이 보듯, 여기와 지금이 없이, 희망과 공포 없이, 습관적 믿음과 전통적 편견 없이, 앎에 대한 전일적 욕망 속에서 고요와 평

242

시대의 끝에서

정을 가지고 본다. (…) 철학적 사색의 자유와 공명정대함에 습관된 마음은 행동과 감정의 세계에서도 똑같은 자유와 공명정대함을 갖게 될 것이다. (…) 진실에 대한 순수한 욕망인 사색에서의 공명정대함은 바로 마음의 성질인 바, 행동에서는 정의justice이며, 감정에서는 보편적 사랑universal love이다. 사랑은 유용하다거나 존경할 만하다고 판단된 사람들에게만이 아니라 모두에게 주어질 수 있다. 따라서 사색은 생각의 대상뿐만 아니라 우리의 행동과 감정의 대상을 확장한다. 그것은 우리를, 나머지 다른 사람들과 전쟁하고 있는 벽으로 둘러싸인 일개 도시의 시민이 아니라 우주universe의 시민으로 만든다. 이러한 우주의 시민성에 인간의 진정한 자유, 그리고 협소한 희망과 공포의 노예상태로부터의 해방이 존재한다. (…) 철학이 사색하는 우주의 광대함을 통해, 마음 또한 광대하게 전환되어 우주와의 합일union with the universe을 이룰 수 있게 된다. 이것이 지고의 선highiest good을 형성한다.*

물론 철학의 언어와 종교의 언어는 다르다. 종교가 구체

---

* 『철학의 제문제』, 한양대학교 철학과 편역, 한양대출판부, 1997, 160~161쪽.

적이고 경험적인 '이야기'로 전달하는 것을 철학은 보편적이고 개념적인 언어로 전달한다. 그러나 러셀이 말하는 철학자의 자유와 사랑은 크리소스톰이 말하려는 바와 그리 멀지 않다. 세네카는 자유와 사랑을 향한 도상에서 어디쯤 와 있었을까? 아마도 그는 자신의 '위선'을 자각하는 정도만큼 자유와 사랑에 가까이 있었을 것이다. 끝까지 그는 자신의 위선에 대해서 반성이 아니라 변호를 하고 있기는 하지만 말이다.

세네카는 고뇌와 비탄, 고독, 몰이해, 의지할 곳 없는 사람들을 적극적인 동반자로 삼으라고 했고, 올바른 운명을 달게 받아들이는 것은 운명에 대한 사랑 없이는 안 된다고 했다. 이처럼 삶에 대해 초탈한 자세를 취하고 지상적인 것에 대한 집착을 거부하라고 권면한다는 점에서 세네카는 기독교적인 태도와 일맥상통하는 데가 있다. 그래서 초대 기독교 교부들은 세네카의 글을 적극적으로 인용했고, 아우구스티누스의 스승이었던 암브로시우스는 그의 서간을 정리하기까지 했다. 신학자들은 세네카를 '제국의 양심'이라고까지 추켜세웠다. 정말 그렇게 말할 수 있을까? 행정가로서 그의 현명함과 관대함을 칭찬할 수는 있고, 그가 아니었으면 네로의 잔악한 행위의 도가 더했을 것이라는 말도 맞다. 그래도 세네카는 그저 우리와 같은 세속적이고 나약한 인간 중 하나였을 뿐이다. 그에게서는 '위대함'이나 '고결함'을 발견할 수 없다. 그의 삶과 사상은 기독교가 또 하나의 권력으로 자리잡고 지배자의 포즈를 취할 때 어울리고, 또 필요한 것이었다. 실제로 이후의 주류교회와 기독교사상의 역사는 그 길로 갔다. 그리고 그것은 예수가 보여준 삶의 방식, 그가 펼쳐 보인 세상과는 너무나 다른 '네로의 세상'에 굴복하는 것이었다.

4 아나니아의 아들 예수 (『유대전쟁』 6, 5)

네로의 광기가 극에 달했을 무렵, 그러니까 모친살해를 범한 네로가 아내 옥타비아와 충성스러운 신하 부루스마저 살해하고, 두려움에 빠진 세네카가 속으로 "이제 그만!"이라고 생각할 그 무렵, 62년의 일이다. 그해 제국의 변방 중에서도 변방이었던 유대 땅에 한 예언자가 나타났다. 갈릴리 예수가 죽은 지 30년도 더 지나고 유대전쟁이 일어나기 4년 전, 예루살렘의 지배자들은 태평성대라고 여기고 있을 때였다. 그는 구약성서의 옛 예언자들이 그랬듯이 일개 농부였고, 매년 초막절이면 초막을 치고 지냈는데, 그해 초막절이 다가오자 예루살렘 성전에 와서 느닷없이 이렇게 외치기 시작했다.

"동쪽에서 들려오는 한 목소리, 서쪽에서 들려오는 한 목소리, 신랑과 신부를 넘어뜨리는 한 목소리, 이 온 백성을 심판하는 한 목소리."

재수없는 저주의 예언이었다. 예수는 밤낮을 가리지 않고 예루살렘 골목 골목을 다니면서 이같이 부르짖었다. 이에 유력인사들 몇몇은 격분하여 그를 붙잡아다가 심하게 매질했다. 그러나 예수는 변명을 하지도 않고 채찍질하는 자들을 향해서 아무 소리도 하지 않고 오로지 그가 외치던 소리만을 계속해서 외쳤다.

그러자 유대 지배자들은 그가 신적인 분노에 사로잡힌 것이 틀림없다는 결론을 내리고 그를 로마 총독에게 끌고 갔다. 그는 로마 총독 앞에서 흰 뼈가 드러나도록 매질을 당했지만 살려달라고 애원하지도 않았고, 눈물 한 방울 떨어뜨리지 않았다. 그는 매질을 할 때마다 매번 아주 애처로운 목소리로 "예루살렘에 저주 있으라! 저주 있으라!"라고 대꾸할 뿐이었다. 이에 당시 유대 총독이었던 알비누스는 "네가 누구냐? 너는 도대체 어디 출신이냐? 어찌하여 그런 말만 되풀이하는 것이냐?"라고 물었다. 그러나 예수는 이에 대해 아무런 대답도 하지 않고 같은 말만 되풀이했다. 그리하여 알비누스는 마침내 그를 미친 사람으로 단정하고 그냥 석방했다.

그 후 그는 로마와의 전쟁이 시작되기 전까지 내내 사람들에게 접근하지 않았고, 그들이 보는 데서는 전에 부르짖던 소리도 외치지 않았다. 그러나 그는 마치 무슨 맹세라도 한 것처럼 "예루살렘에 저주 있으라! 저주 있으라!"라는 말을 하루도 빼놓지 않았다. 그는 매일같이 그를 때리는 자들에게 악한 말을 하지 않았으며, 그에게 음식을 주는 자들에게 감사의 말을 하지도 않았다. 그의 외침은 명절 때만 되면 더욱 커졌다. 그는 이러기를 무려 7년 5개월 동안이나 계속했다.

드디어 예루살렘이 로마군에게 포위되고 자신의 예언이 실제로 성취되는 것을 알고 외치기를 중지할 때까지 그는 지치지도 않고 쉬지도 않고 계속 저주의 말을 외쳤다. 그는 예루살렘이 포위되자 성벽을 돌면서 있는 힘을 다해 "다시 말하노니 예루살렘과 백성과 성전에 저주 있으라! 저주 있으라!"라고 외쳤다. 그리고 마지막으로 "내게 또한 저주 있으라! 저주 있으라!"라고 덧붙이자마자 로마군의 공성장비에서 날아온 돌에 맞아 그 자리에서 즉사하고 말았다. 그는 마지막 숨을 거두면서도 그가 지금까지 외쳐 오던 저주의 말을 쉬지 않았다고 한다.

분명 이 예수는 글을 읽을 줄도, 쓸 줄도 몰랐을 것이다. 하느님의 계시는 배운 사람, 못 배운 사람을 가리지 않는다. 아마도 하느님은 그에게 자신의 '진노의 그릇'을 보여주었고, 그는 거룩한 분노에 사로잡혀 자신이 본 것을 전할 수밖에 없었을 것이다. 그리고 그 자신도 하느님의 진노를 담는 그릇이 되어 깨져버렸다. 이미 나라는 망한 지 오래고, 예루살렘의 지배자들과 사제귀족은 부패하고 타락했지만, 그래도 여전히 유대인들에게 '예루살렘'은 '예루살렘'이었다. 부패하고 타락한 지배자들과 사제들을 비난할 수는 있었지만, 예루살렘 자체의 파멸을 예언하는 것은 금기였다. 왜냐하면 예루살렘은 유대인들에게 민족과 국가 그 자체를 의미했고, 예루살렘의 존속은 곧 민족과 국가의 희망을 의미했기 때문이었다. 그런데 아나니아의 아들 예수는 그 예루살렘이 멸망하는 어두운 미래를 예언했던 것이다. 그의 예언은 적중했고 예루살렘 성전은 파멸했으며, 예언자 자신도 파괴당했다.

그런 예언을 하는 사람을 세상은 살려 두지 않는다. 그래서 같은 예언을 했던 또 한 사람의 예수도 죽임을 당했다. 그리고 아나니아의 아들 예수는 부활하지 못했지만 갈릴리 예수는 그와 삶을 함께했던 사람들 속에서 부활했다. 아나니아의 아들 예수에게 예루살렘 성전의 파괴가 어두운 미래, 궁극적인 파멸을 의미했고, 그는 파괴의 환상에 사로잡혀 홀로 외롭고 우울한 저주의 예언을 했다면, 갈릴리 예수에게 예루살렘 성전의 파괴는 다른 삶을 준비하기 위한 일종의 배경이었다. 갈릴리 예수에게 다가올 종말의 비전은 어둡고 무시무시한 최종적인 파국이 아니라 다른 삶의 가능성을 제시하기 위한 전제였다. 지금까지 생각하고 추구해 온 것과는 다른 행복, 즉 '가난한 행복'과 소박한 기쁨과 우정이 있는 삶으로 방향전환하기 위한 배경이었고, 무엇보다도 그는 자신의 삶 속에서 그것이 가능하다는 것을 보여주었다. 그래서 그가 죽임을 당했을 때 그를 따르던 사람들은 그와 나누었던 기쁨의 밥상, 유쾌한 잔치를 잊을 수가 없었다. 십자가 처형 후 여자들이 사랑하는 선생님의 장례를 지내기 위해 무덤에 찾아갔을 때 스승은 그들에게 살아 있는 모습으로 나타났고, 제자들이 죽은 스승을 추모하기 위해 모인 자리, 곧 스승과 함께했던 기억들을 떠올리며 함께 밥을 나누는 자리에도 그분이 나타났다. 이런 경험은 여기저기서

네로의 세상, 지식인의 초상

우후죽순처럼 개인적으로, 집단적으로 반복되어 하나의 현상이 되었고, 드디어 '사실'이 되었다. 그와 함께한 삶의 기억, 사랑의 기억이 죽음을 이긴 것이다.

사람들은 자기 자신에 대해서나 세계에 대해서나 있는 그대로의 맨 얼굴을 대면하고 싶어하지 않는다. 그래서 시대의 운명과 인간의 문제를 근본적으로 제기할 때 사람들은 외면할 뿐만 아니라 예언자를 죽인다. 그러나 투박하고 촌스럽고 무식한 이 예수, 아나니아의 아들 예수가 비록 부활하지는 못했지만 페트로니우스보다, 아니 세네카보다도 강인하고 고결한 정신의 소유자였다는 사실을 부정할 수는 없다.

시대의
끝에서

1 플라비우스조의 황제들

"그만해라!"

이것은 도미티아누스 황제(81~96년 재위) 때 로마 거리의 여러 개선문들 중 하나에 새겨져 있던 낙서였다.(수에토니우스,『열두 명의 카이사르』「도미티아누스」13) 역사가 수에토니우스는 이 낙서를 전하며 플라비우스조의 마지막 황제, 도미티아누스의 통치에 대해 이렇게 말했다. "처음에는 미덕과 악덕이 균형을 이루고 있었는데, 나중에는 자신의 미덕까지 악덕으로 변질시켰다."(「도미티아누스」3)

도미티아누스는 베스파시아누스 장군의 아들이었다. 베스파시아누스는 네로가 시를 읊을 때 졸았다는 죄로 동방으로 유배당하여 벌을 치고 있다가 유대전쟁(66~70년)이 발발하자 전쟁진압을 위해 황제에 의해 유대로 파견되었다. 유대전쟁 중 쿠데타로 네로가 죽고 이후 계속된 혼란 속에서 베스파시아누스는 황제의 지위에 오른다. 그는 귀족 출신이 아닌 최초의 황제로, 원래 지방 세금징수관의 아들이었고, 군대에서 수많은 역경을 헤치고 공훈을 세워 승진을 거듭했다. 입지전적인 인물답게 그는 규율과 저축을 가장 훌륭한 덕목으로 생각했고, 귀족들의 호화로운 옷차림이나 세련된 행태를 역겨워했다.

그는 계산이 빠르고 이재에 밝은 사람이었다. 이러한 그의 능력은 군대와 재정을 정비하는 데 탁월하게 발휘되었다. 그는 군대의 고위직은 지방 출신의 경력 있는 장교들에게 경매를 통해 위임했고, 공직은 비싼 가격에 팔았다. 재정 상태를 개선하는 데도 비슷한 방법을 썼다. 탐욕스럽고 악질적인 세금징수관들을 제국 전역으로 파견하여 가난한 주민들을 악랄하게 쥐어짰고, 그들이 도둑질한 돈을 국고로 환수했다. 베스파시아누스는 제국의 기초를 든든히 한 매우 현명한 군주들 중 하나로 꼽힌다.

베스파시아누스의 뒤를 이어 도미티아누스의 형 티투스가 황제의 자리에 올랐다. 그는 갈릴리와 유대를 피로 물들이며 유대전쟁을 대승리로 이끌었다. 이 전쟁으로 60여만

명의 유대인들이 학살당하고 예루살렘은 초토화되었다. 티투스의 치세를 수에토니우스는 "어떠한 악덕도 볼 수 없고, 최고의 미덕을 보였다"고 찬미했다.(『열두 명의 카이사르』「티투스」7) 티투스는 갑자기 죽었다. 티투스의 동생 도미티아누스의 차례가 왔다. 그는 81년 등극하기까지 와신상담 오래 기다렸고, 즉위하자 곧바로 절대권력을 휘둘렀다. 그는 "우리의 주, 우리의 신이 명령하신다"라는 양식으로 모든 공식 문건을 시작하라고 명령했다. 그가 의지한 세력은 자신이 월급을 인상해 준 군대와 시민이었는데, 이들을 위한 엄청난 규모의 도박과 경품을 위해 막대한 지출을 했다. 그의 시대에는 토지나 사업을 통해 부를 쌓은 기사계급 출신 엘리트들이 고위직에 진출했고, 행정분야에서도 주요 직책을 담당함으로써 제국은 점차 관료정치의 형태를 갖추게 되었다.(「도미티아누스」)

88년 말 게르마니아의 총독인 사투르니우스가 군단을 이끌고 반란을 일으켰고, 이로 인해 황제는 반란에 대해 강박관념을 갖게 되어 공포정치를 강화하게 된다. 86년 이후 그는 자신을 '주이신 신'dominus et deus이라고 부르게 했다. 이것은 종래의 원수제를 부정하는 것으로 받아들여져 원로원과의 대립이 심해졌다. 그러나 도미티아누스는 권력을 방패로 철저하게 탄압했고 유력귀족이나 정치가들을 차례차례 처형하고 그 재산을 몰수했다. 원로원은 겉으로는 아첨했지만 내심 증오하면서 암살을 모의했고, 이 원로원 의원들 중에는 미래에 황제를 가장 심하게 비판하게 될 타키투스도 포함되어 있었다.

도미티아누스는 시대착오적인 황제숭배를 강요했고, 방문자들에게는 자신의 발에 키스하도록 했다. 자신의 절대권력을 비판한다는 이유로 93년에는 스토아철학자들을 모조리 이탈리아로부터 추방했다. 93년부터 도미티아누스가 살해당하는 96년까지는 기독교인들에 대한 대대적인 박해가 행해졌다. 누구 하나 전전긍긍하지 않는 사람이 없었다. 95년 도미티아누스는 사촌 클레멘스를 살해하고, 그 부인을 추방했는데, 이 두 사람은 유대교도(또는 기독교도)였던 것 같다. 드디어 도미티아누스에게 두려움을 느꼈던 부인 도미티아가 근위병들과 공모하여 그를 침실에서 암살해 버렸다.

도미티아누스 치세에는 속주통치와 국경방위에 상당한 성과를 거두었지만, 역설적으로 이탈리아 경제는 쇠약해지기 시작했다. 속주로부터의 수입농산물로 인해 로마의 올리브생산 농가들과 포도재배자들은 파산하게 되었다. 토지가격은 하락했고, 노예공급도 어려워졌다. 이로 인해 소지주들과 대농장의 사정이 나빠졌다. 산업 역시 타격을 입어 도자기공업과 유리공업은 파산위기에 처했다. 이탈리아는 점점 인구가 줄어들었고, 사양길로 접어들고 있었다.

당시 국가는 국고를 은행체제로 전환하여 개인들에게 확실한 담보와 높은 이자를 대가로 자금을 대부해 주었다. 속주를 통치하는 장군들에게도 통화주조권을 부여했고, 금융업자들은 지점들을 설립하여 제국 내의 어느 곳에서도 동일한 기능을 보장하는 체제를 확립함으로써 금융위기를 유발하기도 했다. 그로 인한 피해는 수많은 사람들의 삶을 벼랑 끝으로 몰고갔다.

이 같은 사태는 33년 티베리우스 황제 때 이미 일어났다. 알렉산드리아의 대기업 '세우테스'가 홍해 폭풍으로 세 척의 상선을 잃고 뒤이은 타조 깃털과 상아 가격의 폭락으로 어려움에 직면했다. 같은 시기에 안디옥과 에베소에 지점을 둔 '말쿠스사'가 페니키아 노동자들의 파업과 관리자들의 횡령으로 인해 갑자기 도산했다. 이로 인해 로마의 은행들이 파산했고, 제국의 거대한 영토를 배경으로 속주들과 로마를 상호연결하고 있던 경제고리는 로마의 신용 위기를 빠른 속도로 제국의 외곽 지역에까지 확산시켰다. 피해는 심각했다. 부도와 관련자들의 자살이 이어졌고, 농민들과 소규모 자영업자들은 빚에 몰려 헐값으로 자신들의 재산을 매각해야 했다. 고리대금업자들의 활동이 다시 고개를 들기 시작했다.

이런 사정은 제국의 경계 안에 있던 수많은 사람들의 삶을 바닥을 알 수 없는 심연 속으로 끌어내렸다. 도미티아누스의 독재와 공포정치는 사실상 이러한 위기, 끝 모를 경제 위기의 연장선상에서 자행되었던 것이다. 예의 그 낙서, "그만해라!"는 이러한 상황에서 로마의 거리를 헤매던 누군가에 의해 씌어졌을 것이다. 역사가들은 이름 없는 사람들, 영문을 모른 채 자신에게 주어진 고난의 몫을 감당했던 풀뿌리 사람들의 삶을 기록하지 않았다. 그러나 "그만해라!"라는 저 낙서는 제국의 그늘 아래 힘겹게 살아가던 수많은 사람들의 가슴속에 억눌려 있던 소리를 들려준다. 분노와 역겨움을 담아 떨리는 손으로 한 자 한 자 새겼을 그 손가락이 떠오른다.

2 요한묵시록

도미티아누스 치세 때 유대인들은 계속해서 조직적인 박

해의 대상이었다. 유대전쟁 후 로마의 속주 유대에서는 토지수용이 행해졌고, 과중한 세금이 거두어졌다. 게다가 로마의 팔레스타인 주둔부대와 행정관리를 지원하기 위해 새롭게 작물세도 신설되었다. 도미티아누스는 유대인의 세금을 늘린 데다가 가혹하게 거두었고, 로마에서 유대교로의 개종을 엄금했다. 또한 유대전쟁에서 대승리를 거두었음에도 불구하고 로마는 여전히 유대 민족주의자들을 두려워했다. 유대인들에게 메시아적 희망이 약화되지 않았고, 그런 희망은 비밀리에 유포되고 있던 묵시문학 속에서 과거의 위대한 왕과 예언자들의 이름과 결부되어 강렬하게 표현되고 있었기 때문이었다. 제2 에스드라서 3~14장은 도미티아누스 박해 때 씌어진 유대 묵시문학 작품 중 하나로 로마를 상징하는 독수리가 메시아를 상징하는 한 사자에 의해 심판받는 환상을 보여준다.(11:38-46)

유대 묵시문학의 열렬한 독자였던 기독교인들도 묵시문학 작품을 썼는데, 그중 하나가 도미티아누스 박해 때 씌어진 요한묵시록이다. 이 편지의 저자는 에베소를 비롯하여 소아시아 여러 도시의 기독교인들에게 죽음을 무릅쓰고 신앙에 충실하게 머무르도록 권고하고 있다. 편지 곳곳에서 로마제국이라는 악마의 멸망과 새 세계의 도래를 희망하는 강렬한 종말의식이 분출하고 있다. 요한묵시록 4장 11절에서는 도미티아누스 황제가 자신에 대해 요구했던 '주이신 하느님'이라는 칭호를 의도적으로 하느님에 대해서 사용하고 있다.

이 문서를 쓴 환상가는 '주이자 신'인 도미티아누스와 신흥 권력엘리트들이 펼쳐 보이는 제국의 번영에 대한 화려한 수사를 상징적으로 전복시켜 권력의 실상을 보여주고, 참된 삶의 희망을 다시 일구어내고자 했다. 이러한 희망은 요한묵시록에서 "태양을 입고 발밑에 달을 두고 머리에 열두 개 별로 된 관을 쓴 여인"이 잉태한 아이를 통해 나타난다.(12:1-5) 아이와 여인을 공격하는 무시무시한 짐승들은 제국의 지배원리를 상징적으로 보여준다. 짐승은 큰 표징들로 땅의 주민들을 속였고, 자기에게 경배하지 않는 사람은 누구나 죽임을 당하게 했다. 짐승의 이름이나 그 이름을 뜻하는 숫자로 표가 찍힌 사람 말고는 아무것도 사거나 팔지 못하게 했다.(13:17)

장사꾼 베스파시아누스가 시작한 플라비우스조는 이제 도미티아누스에 이르러 그 말기적 증상을 보이고 있었다. 외견상 도미티아누스는 황제 숭배를 강요했지만, 그것의 실질적 의미는 돈에 대한 숭배, 돈과 폭력의 원리를 삶의 전 영역에 더 철저하게 관철시키는 것이었다. 제국의 번영에 대한 선전이 난무했지만, 제국의 신민들에게 그것은 그림의 떡일 뿐이었고, 플라비우스 집안과 거기 달라붙은 한 줌의 지배 집단에게 신민들이란 납세자, 인간이 아니라 자신들의 돈주머니를 불려줄 숫자일 뿐이었다. 요컨대 도미티아누스가 스스로를 일컬어 말했던 '주이자 신'은 돈과 권력과 숫자들의 주권을 신격화한 것에 다름 아니었다. 그러므로 요한 묵시록의 환상은, 실은 환상이 아니라 도미티아누스의 신민들에게 그 현란한 선전선동의 실상, 즉 '주이자 신'인 황제신은 돈의 화신이요 괴물, 야수임을 알려주는 계시였다. 계시는 계속된다.

내가 또 보니 어린양이 시온 산 위에 서 계셨습니다. 그와 함께 십사만 사천 명이 서 있는데, 그들의 이마에는 어린양의 이름과 그 아버지의 이름이 적혀 있었습니다. 그리고 큰 물 소리 같기도 하고 요란한 천둥소리 같기도 한 목소리가 하늘에서 울려오는 것을 들었습니다. 내가 들은 그 목소리는 또 수금을 타며 노래하는 이들의 목소리 같았습니다. 그들은 어좌와 네 생물과 원로들 앞에서 새 노래를 부르고 있었습니다. 그 노래는 땅으로부터 속량된 십사만 사천 명 말

고는 아무도 배울 수 없었습니다.(14:1-3)

새 노래를 부르는 새 집단이 나타났다. 제국 곳곳의 황제
숭배 제단에서는 돈과 권력을 기리는 찬미가가 울려 퍼지고
있지만, 이제 어린양에게 속한 사람들이 부르는 새 노래가
큰 물소리처럼 하늘에서 들려온다. 그들은 돈귀신이 지배하
는 세계를 뒤집을 형제자매들의 공동체이다. 그들은 돈이
아니라 새로운 원리, 새로운 노래로 소통한다. 이러한 환상
에 뒤이어 무서운 재앙에 대한 예고가 이어진다. 재앙의 절
정은 바빌론의 패망, 곧 로마의 패망이다. "불행하여라, 불
행하여라, 저 큰 도성! 강한 도성 바빌론아, 삽시간에 너에
게 심판이 닥쳤구나!"(18:10)

로마 패망의 선언이 반복되고, 그것은 누구보다도 사치
품과 교환가치의 확산을 통해 이윤을 얻는 상인들에게 낭패
다. "땅의 상인들도 그 여자(바빌론/로마) 때문에 슬피 울 것이
다. 더 이상 자기들의 상품을 살 사람이 없기 때문이다. 그
상품은 금, 은, 보석, 진주, 고운 아마포, 자주색 옷감, 비단,
진홍색 옷감, 온갖 향나무, 온갖 상아 공예품, (…) 노예, 포
로 따위다."(18:10-13) 이러한 물품을 팔아 그 여자 덕분에 부
자가 된 상인들은 그 여자가 받는 고통이 두려워 멀찍이 서

서 슬피 울 것이다.(18:15) 큰 도성 바빌론은 맷돌처럼 큰 돌이 바다에 던져지듯이 던져질 것이다. 그것은 "너의 상인들이 땅의 세력가였기 때문이며 모든 민족들이 너의 마술에 속아 넘어갔기 때문이다."(18:23)

천년만년 지속될 것 같은 로마체제는 하느님의 심판 아래 있고 기필코 무너진다. 재앙의 예언들은 돈과 폭력으로 지탱되는 제국의 불모성과 공허함에 대한 계시이다. 또다시 하늘이 열리고 흰 말을 타고 오는 분이 벌이는 심판에 대한 환상이 펼쳐진다. 그리고 그 무시무시한 심판의 환상 위로 드디어 새로운 환상이 떠오른다.

나는 또 새 하늘과 새 땅을 보았습니다. (…) 거룩한 도성 새 예루살렘이 신랑을 위하여 단장한 신부처럼 차리고 하늘로부터 하느님에게서 내려오는 것을 보았습니다. 그때에 나는 어좌에서 울려 오는 큰 목소리를 들었습니다. "보라, 이제 하느님의 거처는 사람들 가운데에 있다. 하느님께서 사람들과 함께 거하시고 그들은 하느님의 백성이 될 것이다. 하느님 친히 그들의 하느님으로서 그들과 함께 계시고 그들의 눈에서 모든 눈물을 닦아주실 것이다. 다시는 죽음이 없고 다시는 슬픔도 울부짖음도 괴로움도 없을 것이다. 이전

265

것들이 사라져 버렸기 때문이다." 그리고 어좌에 앉아 계신 분께서 말씀하셨습니다. "보라, 내가 모든 것을 새롭게 만든 다."(21:1-5)

이것은 새 하늘과 새 땅, 새 예루살렘에 대한 환상이며, 교 환가치가 지배하는 현 세계의 전복에 대한 환상이다. 나를 죽은 숫자로 만들어 등급을 매기고, 지루하고 재미없는 삶 으로 밀어넣으려고 끊임없이 강요하는 좀비들이 사라진 세 계, 살아 있는 삶이 중심이 되는 세계에 대한 환상이다.

그 천사는 또 수정처럼 빛나는 생명수의 강을 나에게 보 여주었습니다. 그 강은 하느님과 어린양의 어좌에서 나와 도성의 거리 한가운데를 흐르고 있었습니다. 강 이쪽저쪽에 는 열두 번 열매를 맺는 생명나무가 있어서 다달이 열매를 내놓습니다. 그리고 그 나뭇잎은 민족들을 치료하는 데에 쓰입니다. 그곳에는 더 이상 하느님의 저주를 받는 것이 없 을 것입니다. (…) 다시는 밤이 없고 등불도 햇빛도 필요없 습니다. 주 하느님께서 그들의 빛이 되어 주실 것이기 때문 입니다. 그들은 영원무궁토록 다스릴 것입니다.(22:1-5)

이처럼 요한묵시록은 로마제국의 지배원리를 상징적으로 전복시키고 있다. 외견상 드러나는 요한묵시록의 폭력적 언어, 복수의 정서 근저에 깔린 것은 실은 어린양처럼 여리고도 간절한 소망이다. 그것은 실제로 인류의 생명을 이어온 사람들, 짓밟히고 무시당하면서도 우리를 먹여주고 입혀준 사람들의 가슴속 깊은 곳에 은밀하게 감춰진 소망이다. 그것은 어린양과 그에게서 나오는 생명수가 삶의 중심이 되는 세계에 대한 소망이고, 더 이상 화폐 전체주의에 의해 인간이 돈으로 환산되지 않는 세계, 새 하늘과 새 땅과 새 예루살렘에 대한 간절한 소망이다.

3 로마의 클레멘트

교회라고 다 같은 교회가 아니다. 당시 교회는 종교적으로나 사회적으로나 다양한 집단들의 집합이었다. 96년, 도미티아누스의 광기가 극에 달하고 소아시아 전 지역이 기독교인들의 피로 물들어 요한묵시록에서는 제국의 종말에 대한 환상에서 위로와 희망을 얻고 있던 때다. 로마교회의 감독 내지는 장로였던 클레멘트라는 인물이 고린도 교회에 편지를 썼다. 바울 당시에도 그랬지만, 이 말 많고 탈 많은 교회에서는 얼마 전 젊은 평신도들이 장로 몇을 몰아냈다. 분쟁의 실상이 어떤 것이었는지는 편지를 통해 드러나지 않고, 오로지 하극상, 즉 평신도가 사제에게 반기를 들었다는 사실만이 이 편지의 저자를 불편하게 하고 화나게 했다. 왜냐하면 '클레멘스 1서'라 불리는 이 편지에서 클레멘트는 구약성서와 스토아철학을 사용해서 평신도들에 대한 성직의 우위성을 설파하고 반복해서 "순복하라!"고 명령하고 있기 때문이다.

그는 감독 내지는 장로의 직무가 직접 사도에 연결되고, 최종적으로는 그리스도를 매개로 하느님에게로 올라간다는 점을 강조하고, 그 때문에 그들을 파면하는 것은 죄라고 선언했다.(1Clement 42, 44) 이 편지는 이미 1세기 말경 로마교회가 다른 교회에 간섭을 할 수 있을 정도의 지위를 가지고 있었고, 교회 내의 직무제가 신적 권위를 부여받기 시작했다는 사실을 보여준다. 클레멘트는 교회가 종말론적, 카리스마적 공동체라기보다는 위계적인 제도라고 생각했다. 그에게 그리스도의 재림은 임박해 있지 않았으며, 종말이 가깝지도 않았다. 그는 교회가 종말론적 공동체가 아니라 제도교회로 순조롭게 발전하기를 원했다.

그래서 그가 이 편지에서 피력하고 있는 희망은 로마권력의 실상을 폭로하는 요한묵시록의 종말론적 희망과는 대척점에 있다. 그는 기독교인들에 대한 도미티아누스의 박해가 극에 달했던 시점에 로마의 질서를 지키라고 권면한다. 나아가서 그는 로마군대의 조직원리를 내세워 교회의 질서를 촉구한다. "우리의 장수들 아래서 섬기고 있는 군사들을 생각해 봅시다. 얼마나 힘든 훈련입니까? 그들이 얼마나 순종적입니까? 명령을 지키기 위해서 얼마나 잘 복종합니까? 모든 사람들이 다 총독일 수는 없으며 군단장일 수도, 백부장일 수도, 오십부장일 수도 없습니다. 단지 각 사람은 각자 서열 속에서 황제나 지휘관들의 명령을 수행하고 있는 것입니다."(1Clement 17) 그리고 그는 국가의 통치자들을 위해 이렇게 기도하고 있다.

주님이시여, 당신께서는 우리들의 지배자나 위정자들에게 통치권을 주셨습니다. / 당신께서 저들에게 주신 통치권이기 때문에 저들을 따르겠습니다. / 그것은 바로 당신의 뜻을 따르는 것이기 때문입니다. / (…) 건강함과 평안함과 조화 그리고 안정을 그들에게 내려주소서. / 그것은 당신께서 주신 나라 일을 그들이 실수 없이 수행할 수 있게 하기 위함

입니다. / 왜냐하면 하늘에 계신 주님이시여, (…) / 당신께서는 인간의 자손들에게 이 땅의 모든 것을 다스리는 영광과 권능을 주셨기 때문입니다. / 주님이시여, / 그들의 생각을 인도하시어 당신 보시기에 선하고 만족스러운 것으로 하여 주소서. / 저들이 당신께서 내려주신 힘을 평화와 관용 속에서 사용하게 하시어 / 당신 보시기에 선하고 만족스럽게 함으로써 / 저들이 당신의 총애를 받게 하소서.(1Clement 61:1-2)

전설에 따르면 클레멘트는 순교했다고 한다. 그러나 그가 어떻게 죽었든 간에 그가 남긴 편지에 나타나는 교회상은 복음서들에서 예수가 보여준 길과는 거리가 멀다. 로마제국이 기독교인들에 대한 대대적인 박해를 막 끝내서 그 피가 땅에서 울부짖고 있던 때, 클레멘트는 요한묵시록이 상상한 제국의 종말과는 전혀 다른 형태의 미래를 상상하고 교회가 제국의 질서를 답습하도록 가르쳤다.

클레멘트가 제시한 길은 세계 안에 존재하는 하나의 제도로서 교회의 길이었고, 현실적이고 합리적 판단에 근거해 있었고 성공한 길이었다. 그러나 외견상 클레멘트의 길이 성공한 것처럼 보였어도 때가 되면 묵시록의 상상은 오랫동안 땅

속에 갇혀 있던 물처럼, 주류교회의 껍질을 깨고 기존질서를 범람시켰으며, 제도교회의 형식 속으로 흘러들어, 그 내용을 갱신하도록 촉구했다. 그럼으로써 교회가 다시 한번 살아 있게 했다. 그리하여 묵시록의 상상력은 역사 속에서 패배한 것처럼 보여도 사실상 제도교회의 딱딱하게 굳은 표면 아래 흐르면서 용암처럼 분출할 때를 기다리고 있다. 이 오래된 상상력이야말로 교회를 교회이게 하는 힘이다.

4 시대의 끝에서

악마의 속삭임처럼 계속해서 떠오르는 생각이 있다. 두려움의 실타래를 따라가 보면 한 가지 생각에 이른다. 그것은 현재의 근본적인 위기상황에 대처할 전 지구적인 수준의 중대한 정치적 결정에 이르기 전에 결정적인 위기가 도래할 것이라는 예감이다. 다가올 거대한 변화의 느낌 때문에 숨을 쉬다가도 문득 멈칫하고, 그러한 변화가 가져올 희생의 예감 때문에 달리는 자동차 안에서도 종종 가슴이 먹먹해진다. "나와 내 가족, 아니 내 아이는 어떻게 될까?" "또 얼마나 많은 여린 생명들이 희생당할까?" 세월호 사태나 계속 반복되는 대규모 인명사고들은 운 나쁜 몇몇 사람들에게 어쩌다 닥친 불행이 아니다. 그것은 우리가 발딛고 사는 세계가 얼마나 허약한 토대 위에 세워져 있으며 무너지기 쉬운지 말해 주는 징표이며, 돈에 중독된 어지러운 죽음의 춤이 어디로 귀결될 것인지를 보여주는 예고편이다.

정치가들과 지식인들은 정말로 긴급한 문제들에 대해서는 아무 말이 없으며, 실은 무기력하다. 정치인들은 세금을 어떻게 걷고 어떻게 분배하느냐는 문제를 놓고 좌우로 갈려 싸우지만, 정작 조세제도가 작동할 수 있게 하는 기반으로서 경제성장 자체가 한계에 도달했다는 객관적 징후들에 대해서는 신경을 쓰지 않는다. 경제성장은 지구와 자연환경이 마치 무한한 자원인 것처럼 가정하는 데서 출발하지만, 지구는 유한하며, 기업과 국가가 공모해서 벌이는 생태계에 대한 치명적인 공격으로 인해 지구는 곳곳에서 비명을 지르고 있다. 바다 건너 후쿠시마에서는 2011년의 대폭발 이후 무엇 하나 해결되지 않은 채 물만 퍼붓고 있고, 방사능은 바다로 유출되어 해류를 따라 전 지구를 돌고 있다. 4호기의 망가진 수조에서 1,000개가 넘는 폐연료봉을 옮기는 작업을 하고 있지만, 이 작업은 마치 미치광이가 폭죽을 터뜨리듯 작은 실수 하나로도 간단히 동북아를 산산조각 내버릴 수 있다. 그런데도 일본은 핵발전을 계속 하겠다고 하고, 이 나라에서는 고리, 월성 원전을 수명연장하겠다고 한다. 어찌이 땅에는 '클레멘트'들만 넘쳐나는지!

근본적인 패러다임을 바꾸지 않고서는 삶 자체가 불가능한 지점에 이르렀건만, 다 같이 망할 때까지 그냥 이대로 갈수밖에 없다는 절망적인 체념상태 속에서 정말로 중대한 문제는 회피한 채 어차피 안 될 이런저런 낡은 대안에 습관적으로 매달리고 있는 것이 지금 우리 모습이 아닐까? 낡은 대안들에 매달려 있는 동안은 실제 세계로부터, 우리 주변에서 계속해서 죽어가고 있는 것들로부터 눈을 돌릴 수 있으니까 다 같이 기만적인 낙관주의에 빠져 있는 게 아닐까?

전자광고판은 아직 요란하게 번쩍거리고, 정치를 무슨 연예계 가십 다루듯 끝없이 떠들어대는 TV 시사 토크쇼의 게스트들은 오히려 대중의 탈정치화를 조장하고 악에 익숙해지게 만든다. 이러한 현상이 심해질수록 우리는 자기기만 속으로 더 깊이 빠져든다. 후쿠시마도, 지구온난화도, 자원고갈도 사실은 일어나지 않았거나 설사 일어났다 해도 과학과 기술이 따라잡아서 해결해 주고 결국 우리는 극복할 수있을 것이라고 생각한다. 아니면 어쩌겠는가? 어차피 그것은 해결될 수 없는 문제이니 될 대로 되도록 내버려 둘 수밖에 없다고 생각한다. 그러나 이것은 무모한 낙관주의이거나 개인적 안락에 대한 맹목적인 집착일 뿐이다. 무시한다고 현실이 비현실이 되지는 않는다. 현실은 기만적인 낙관주의를 무섭게 파괴하며 도래할 것이고, 이대로 가면 결국 삶을 산산조각 내고 말 것이다.

신구약 중간시대와 초기 기독교시대에 융성했던 묵시문학의 근저에 깔린 생각은 '시대의 끝'에 대한 의식이었다. 환상가들은 신적 광기에 사로잡힌 듯 세계의 파멸을 반복해서 선포했고, 그들을 사로잡았던 것은 종말에 대한 어두운 환상이었다. 그러나 그들이 정말로 생각했던 것은 '끝'이 아니라 새로운 시작이었다. 악마적인 제국의 붕괴와 함께 도래할 새로운 세계에 대한 희망이었다. 우리도 이 묵시문학적 환상가들과 함께, 현 세계의 종말과 함께 도래할 새 하늘과 새 땅을 꿈꿀 수 있을까? 오늘날 과학기술문명이 초래한 생태계의 총체적인 위기는 이러한 희망마저 부숴버렸다. 아마도 이 점이, 새로운 시작의 꿈을 꿀 수 없다는 점이 오늘날 우리가 1세기 묵시문학적 환상가들과 근본적으로 달라지는 점일 것이다. 합리적으로 생각했을 때 현 인류에게 희망이 있을까?

새벽에 혼자 마당에 나가 코끝을 스치는 찬바람을 맞는

다. 인간의 보잘것없음, 인간 생명의 나약함, 덧없음에 대한 감각이 일깨워진다. 멀리 북한산의 어두운 그림자가 보이고 초승달은 웃는 듯 걸려 있고 그 옆에 별들이 몇 개 희미하게 빛난다. 인간은 먼지에 불과하며 먼지로 돌아갈 것이라는 성서의 말씀이 떠오른다. 우리의 미래에 대해서, 사라져가는 세계의 아름다움에 대해서, 인간 종의 어리석음에 대해서 생각한다. 지구는 죽어가고 있다. 우리도 지구와 함께 죽을 것이다. 그러나 나와 내 주변의 생명이 지니는 부서지기 쉬운 성격과 함께 그 거룩한 성격도 절실하게 깨닫는다. 어찌 그것을 지키지 않을 수 있는가? 어찌 사랑하지 않을 수 있는가? 아직 시간이 있을 때 거룩한 것을 지켜야 한다. 저 사마리아인이 그가 만난 사람을 사랑했듯이 나 역시 지금 여기서 사랑할 수밖에 없다. 그 외에 달리 할 수 있는 것이 없다.

시대의 끝에서

성서와 역사 이야기

초판 1쇄 발행   2017년 6월 19일

지은이   박경미
펴낸이   오은지
편집   변홍철·이호흔
디자인   박대성
펴낸곳   도서출판 한티재 | 등록   2010년 4월 12일 제2010-000010호
주소   42087 대구시 수성구 달구벌대로 492길 15
전화   053-743-8368 | 팩스   053-743-8367
전자우편   hantibooks@gmail.com | 블로그   www.hantibooks.com

ⓒ 박경미 2017
ISBN   978-89-97090-72-3 04230
ISBN   978-89-97090-73-0 (세트)

이 도서의 국립중앙도서관 출판예정도서목록(CIP)은 서지정보유통지원시스템
홈페이지(http://seoji.nl.go.kr)와 국가자료공동목록시스템
(http://www.nl.go.kr/kolisnet)에서 이용하실 수 있습니다.
(CIP제어번호: CIP2017011412)